Iwan Sergejewitsch Turgenjew
Иван Сергеевич Тургенев

Asja
Ася

Iwan Sergejewitsch Turgenjew
Иван Сергеевич Тургенев

Asja
Ася

Sprachlich vereinfacht, mit Anmerkungen und Betonung versehen von Ulrike Koch

BUSKE

Iwan Sergejewitsch Turgenjew (1818–1883) thematisierte als einer der ersten in der russischen Literatur die sozialen, politischen und kulturellen Spannungen in der russischen Gesellschaft Mitte des 19. Jahrhunderts. Maxim Gorki zufolge steht er »in vorderster Reihe der russischen Klassiker des 19. Jahrhunderts«.

Ulrike Koch studierte Slavische Philologie am Institut für Slavistik der Universität Hamburg. Mit der Novelle »Asja« veröffentlicht sie die dritte vereinfachte Lektüre der klassischen russischen Literatur nach dem »Spieler« von F. M. Dostojewski und »Anna Karenina« von L. N. Tolstoi.

Ulrike Koch dankt Frau Dr. Margarita Weiss und Frau Rakhil Doktor
für ihre vielseitige Hilfe und Unterstützung.

Bibliografische Information der Deutschen Nationalbibliothek

Die Deutsche Nationalbibliothek verzeichnet diese Publikation in der Deutschen Nationalbibliografie; detaillierte bibliografische Daten sind im Internet abrufbar über: https://portal.dnb.de

ISBN 978-3-96769-103-0
ISBN eBook (PDF) 978-3-96769-113-9

 Umschlaggestaltung: QART Büro für Gestaltung, Hamburg, unter Verwendung einer Radierung von Ulrike Koch nach einem Foto von Karen Henning-Mixa, mit freundlicher Genehmigung. Satz: Ulrike Koch. Druck und Bindung: Printing Solutions, Toruń. Printed in Poland.

СОДЕРЖА́НИЕ

А́ся

СОКРАЩЕ́НИЯ

гл.	– глаго́л
деепр.	– де́епричастие
ж.	– же́нский род
ирон.	– ирони́ческое
к-рый	– кото́рый
-л.	– ли́бо
м.	– мужско́й род
нем.	– неме́цкий
несов.	– несоверше́нный вид
перен. зн.	– перено́сное значе́ние
поэт.	– поэти́чно
превос. ст.	– превосхо́дная сте́пень
презр.	– презри́тельно
прил.	– прилага́тельное
прим.	– примеча́ние
разг.	– разгово́рная речь
см.	– смотри́
снис.	– снисходи́тельно
собир.	– собира́тельное
сов.	– соверше́нный вид
суфф.	– су́ффикс
сущ.	– существи́тельное
уменьш.	– уменьши́тельное
устар.	– устаре́вшее
фр.	– францу́зский
ч-к	– челове́к

ИВА́Н СЕРГЕ́ЕВИЧ ТУРГЕ́НЕВ
(1818 – 1883)

был одни́м из велича́йших представи́телей ру́сской литерату́ры XIX, **т.н.**[1] золото́го ве́ка, наряду́ с Пу́шкиным, Ле́рмонтовым, Го́голем, Некра́совым, Достое́вским и Толсты́м. Он роди́лся в Орле́ и был вторы́м сы́ном Серге́я Никола́евича и Варва́ры Петро́вны Турге́невых. Де́тство и ю́ность он провёл в селе́ Спа́сское-Лутови́ново в име́нии роди́телей. Варва́ра Петро́вна управля́ла крестья́нами и всем свои́м семе́йством, включа́я сынове́й, желе́зной руко́й. До 1827 го́да де́ти воспи́тывались до́ма. В 1827 году́ семья́ перее́хала в Москву́, где Ива́на помести́ли в пансио́н. Дальне́йшую уче́бную подгото́вку он продолжа́л под руково́дством ча́стных учителе́й. В 1833 – 1837 гг. он изуча́л филосо́фию и литерату́ру в Моско́вском университе́те и в Петербу́рге.

В ма́е 1838 го́да Турге́нев отправля́ется зака́нчивать образова́ние в Берли́н, где он изуча́ет класси́ческую филоло́гию и филосо́фию. Иде́и неме́цких фило́софов Ге́геля и Ше́ллинга оказа́ли большо́е влия́ние на мировоззре́ние Турге́нева. С 1838 по 1841 Турге́нев мно́го путеше́ствует по Евро́пе; в э́ти же го́ды начина́ется дру́жба Турге́нева с молоды́ми ру́сскими фило́софами Н.В. Станке́вичем и М.А. Баку́ниным.

Зако́нчив[2] в 1841 году́ учёбу в Берли́не, Турге́нев верну́лся в Росси́ю. В 1842 году́ он стал маги́стром филосо́фии. В 1843 году́ Турге́нев поступа́ет

---

[1] т.н. = так называ́емый; здесь: так называ́емого

[2] *деепр.*

на слу́жбу в Министе́рство вну́тренних дел, но слу́жба разочарова́ла писа́теля, и через два го́да он ухо́дит в отста́вку и реша́ет занима́ться то́лько писа́тельской де́ятельностью.

В Петербу́рге у Турге́нева установи́лись свя́зи в литерату́рных круга́х. В том же 1843 году́ происхо́дят две ва́жные для него́ встре́чи: он знако́мится с литерату́рным кри́тиком В. Г. Бели́нским, кото́рый стал внима́тельно следи́ть за его́ тво́рчеством. И́менно под его́ влия́нием создава́лись лу́чшие из о́черков **«Запи́сок охо́тника»**[3]. Дру́жба с Бели́нским продолжа́лась до сме́рти кри́тика в 1848 году́; втора́я встре́ча - с о́перной певи́цей Поли́ной Виардо́. Любо́вь к э́той же́нщине бу́дет сопровожда́ть его́ до конца́ жи́зни.

С 1847 до 1850 го́да Турге́нев прожива́л во Фра́нции; ле́то он проводи́л в име́нии семьи́ Виардо́ в Courtavenel, зи́мы в само́м Пари́же. Там он наблюда́л за трево́жными собы́тиями, кото́рые предше́ствовали февра́льской револю́ции 1848 го́да во Фра́нции. Всё э́то не могло́ не найти́ своего́ отраже́ния во взгля́дах и размышле́ниях Турге́нева, но в отли́чие от не́которых свои́х друзе́й он остава́лся нейтра́льным наблюда́телем: экстреми́зм, ха́ос, и бессмы́сленное кровопроли́тие бы́ли ему́ чужды́.

Ещё в ма́рте 1848 го́да Никола́й I призва́л лоя́льных россия́н неме́дленно верну́ться на ро́дину; того́ же са́мого тре́бовала и мать Турге́нева, кото́рая между те́м лиши́ла сы́на фина́нсовой подде́ржки; но он

---

[3] пе́рвый расска́з «Запи́сок» был опублико́ван в журна́ле «Совреме́нник» в 1847 году́, сотру́дником к-рого Турге́нев остава́лся в тече́ние 30 лет; в кни́жной фо́рме «Запи́ски» появи́лись в 1852 году́

остава́лся в Пари́же до 1850 го́да, пока́ изве́стие о серьёзном заболева́нии ма́тери не заста́вило его́, наконе́ц, верну́ться в Росси́ю. Мать сконча́лась в ноябре́ того́ же го́да, **оста́вив**[4] сыновья́м своё большо́е состоя́ние.

В феврале́ 1852 го́да сконча́лся Никола́й Го́голь, с кото́рым Турге́нев встре́тился ещё за не́сколько ме́сяцев до его́ кончи́ны. Он высоко́ цени́л э́того писа́теля, а́втора таки́х произведе́ний как «Ревизо́р» и «Мёртвые ду́ши». Под впечатле́нием кончи́ны Го́голя Турге́нев написа́л **некро́лог**[5] уме́ршему писа́телю. В Петербу́рге цензу́ра запрети́ла Турге́неву публика́цию некро́лога, зато́ в Москве́ ему́ уступи́ли: статья́ была́ опублико́вана в ма́рте 1852 го́да; после э́того, Турге́нева арестова́ли и вы́слали в село́ Спа́сское – под администрати́вный **надзо́р**[6] . Его́ ссы́лка продолжа́лась полтора́ го́да. За э́то вре́мя он успе́л написа́ть расска́зы, по́вести и не́сколько реце́нзий; кро́ме того, он продолжа́л акти́вную де́ятельность в реда́кции «Совреме́нника» до нача́ла 60-ых годо́в.

Восто́чная войнá[7] про́тив Осма́нской импе́рии зако́нчилась Пари́жским ми́рным догово́ром в 1856 году́. Для Турге́нева прекраще́ние войны́ означа́ло то, что, наконе́ц, в ию́ле того́ же го́да он смог встре́титься

---

[4] *деепр.*

[5] статья́ о жи́зни и де́ятельности уме́ршего

[6] надзо́р = контро́ль. Сам Турге́нев счита́л, что его́ ссы́лка была́ вы́звана «Запи́сками охо́тника», в к-рых мно́гие уви́дели кри́тику обще́ственной и социа́льной обстано́вки в стране́.

[7] речь идёт о Кры́мской войне́ (1853-56), в к-рую вступи́ли Фра́нция и Брита́ния союзника́ми на стороне́ Осма́нской импе́рии

с семьёй Виардо́ в Courtavenel и со свое́й до́черью **Пелаге́ей**[8], кото́рую он оста́вил на **попече́нии**[9] Виардо́ ещё в 1850 году́.

В тече́ние не́скольких неде́ль Турге́нев наслажда́лся беззабо́тной жи́знью во Фра́нции. Одна́ко, вско́ре он на́чал разочаро́вываться в отноше́ниях с Поли́ной Виардо́. К тому́ же отноше́ния ме́жду до́черью и семьёй Виардо́ станови́лись сложне́е. Всё э́то не могло́ не повлия́ть и на его́ тво́рческую рабо́ту и здоро́вье. Наконе́ц, он отпра́вился в Ло́ндон навести́ть Алекса́ндра **Ге́рцена**[10], затем в Берли́н и в Зи́нциг. В э́том ти́хом ма́леньком городке́ на берегу́ реки́ Ре́йна он нашёл и́менно ту обстано́вку, кото́рая впосле́дствии послужи́ла ему́ фо́ном для расска́за «А́ся».

Во второ́й полови́не 50ых годо́в в Росси́и уси́лилась ре́зкая вражде́бность ме́жду обще́ственными лагеря́ми, а и́менно либера́льно-дворя́нским и революцио́нно-демократи́ческим, кото́рая привела́ к разры́ву писа́теля с «Совреме́нником». И́менно к э́тому пери́оду жи́зни и тво́рчества Турге́нева отно́сятся его́ расска́зы и по́вести «Я́ков Па́сынков» (1855), «Фа́уст» (1856), «А́ся» (1857), «Пе́рвая любо́вь» (1860), «При́зраки» (1863) а также его́ рома́н «Ру́дин» (1858). Рома́н «Накану́не» (1859) Турге́нев отда́л уже́ в «Ру́сский Ве́стник», где бы́ли опублико́ваны его́

---

[8] Пелаге́я (Pauline, Paulinette) была́ незаконнорождённой. Её, дочь ба́рина и кресть́янки, называ́ют прототи́пом геройни по́вести «А́ся».

[9] попече́ние = забо́та

[10] С Ге́рценом Турге́нев познако́мился в 1844 году́ в Москве́, ча́сто встреча́лся с ним в Пари́же в 1848 году́; Г. обоснова́лся в Ло́ндоне полити́ческим эмигра́нтом и откры́л там во́льную ру́сскую типогра́фию

рома́ны «Отцы́ и Де́ти» (1861) и «Дым» (1867). Сле́дующие за тем произведе́ния бы́ли опублико́ваны в «Ве́стнике Евро́пы», **уме́ренно**[11] либера́льном журна́ле, сотру́дником кото́рого он стал в 1863 году́.

С 1863 го́да Турге́нев с семьёй Виардо́ пересели́лся в **Баден-Ба́ден**[12], где они́ про́жили до нача́ла Фра́нко-пру́сской войны́ (1870). Вслед за друзья́ми писа́тель верну́лся во Фра́нцию в 1871 году́, где он остава́лся до конца́ свое́й жи́зни. В Пари́же Турге́нев сошёлся с кружко́м францу́зских писа́телей, т.е. с Г. Флобе́ром, Э. Золя́, Г. де Мопасса́ном и др. Ещё в 1854 году́ «Запи́ски охо́тника» появи́лись во францу́зском перево́де. Благодаря́ соде́йствию Луи́ Виардо́ произведе́ния Го́голя, Пу́шкина и самого́ Турге́нева бы́ли переведены́ на францу́зский. Турге́нев во мно́гом спосо́бствовал популяриза́ции ру́сской литерату́ры за рубежо́м. Его́ дом между те́м стал ме́стом встре́чи для ру́сских эмигра́нтов в Пари́же. Одни́ приходи́ли из любопы́тства, други́е с ру́кописью, а кто́-то обраща́лся за по́мощью. **Обща́ясь**[13] с **сооте́чественниками**[14] за грани́цей, Турге́нев не прерыва́л свя́зи с ру́сской жи́знью.

Его́ популя́рность в Росси́и в конце́ 70-ых годо́в бы́стро росла́: в писа́теле тепе́рь ви́дят пре́жде всего́

---

[11] уме́ренный = сре́дний| не си́льный и не сла́бый

[12] авторита́рный режи́м Наполео́на III, после́днего францу́зского императо́ра, им показа́лся кра́йне неприе́млемым (прие́млемый = тако́й, к-рый не вызыва́ет возраже́ний)

[13] *деепр.*

[14] соотече́ственник = тот, кто роди́лся в то́й же стране́, как и да́нный ч-к

ста́рого борца́ с **крепостни́чеством**[15] и убеждённого проти́вника реакцио́нного прави́тельственного ку́рса. Когда́ он прие́хал в Росси́ю в феврале́ 1879 го́да, его́ **че́ствовали**[16] на многочи́сленных чте́ниях и вечера́х и приглаша́ли оста́ться на ро́дине. Одна́ко, в 1882 году́ обнару́жились пе́рвые при́знаки тяжёлой боле́зни. Турге́нев сконча́лся 22 а́вгуста 1883 го́да. Согла́сно жела́нию писа́теля его́ похорони́ли в Петербу́рге недалеко́ от моги́лы Бели́нского.

---

[15] крепостни́чество = обще́ственный стро́й, при к-ром поме́щик име́л пра́во на труд, иму́щество и ли́чность крестья́н. В феврале́ 1861 го́да был подпи́сан манифе́ст об освобожде́нии крестья́н от крепостно́го пра́ва.

[16] че́ствовать *несов.* = устра́ивать пра́зднество в честь кого-л.

Основны́е де́йствующие ли́ца

Н. Н. – расска́зчик э́той по́вести, вспомина́ет о том, как он, двадцатипятиле́тним, здоро́вым, весёлым, безза́бо́тным ю́ношей путеше́ствует по Герма́нии. В одно́м городке́ он знако́мится и сближа́ется с соотечественниками, молоды́м челове́ком с де́вушкой.

Га́гин – молодо́й челове́к из дворя́нской семьи́; он путеше́ствует с де́вушкой, кото́рую он представля́ет свое́й сестро́й, хотя́ расска́зчик подозрева́ет, что, возмо́жно, э́то не так. Он счита́ет Га́гина у́мным, ми́лым, но мя́гким челове́ком, у которо́го, увы́, не хвата́ет **це́пкости**[17], что́бы стать настоя́щим худо́жником.

А́ся – так Га́гин называ́ет А́нну Никола́евну. С са́мого нача́ла она́ показа́лась расска́зчику капри́зной, неесте́ственной, немно́го стра́нной де́вушкой. По всем при́знакам, как ему́ показа́лось, она́ получи́ла необы́чное воспита́ние, кото́рое ничего́ о́бщего не име́ло с воспита́нием самого́ Га́гина. И всё-таки, полуди́кой пре́лестью она́ си́льно привлека́ла расска́зчика.

Фра́у Луи́зе – вдова́ бы́вшего бургоми́стра городка́ Л., до́брая стару́шка, кото́рая полюби́ла А́сю.

---

[17] це́пкий = спосо́бный кре́пко хвата́ть| держа́ть что-л.; *перен. зн.:* упо́рный, уме́лый

А́ С Я

I

Мне бы́ло тогда́ лет два́дцать пять, - на́чал Н. Н., - дела́ давно́ проше́дших дне́й, как ви́дите. Я то́лько что **вы́рвался**[1] на во́лю и уе́хал за грани́цу, не для того́, что́бы «ко́нчить моё воспита́ние», как гова́ривалось тогда́, а про́сто мне захоте́лось посмотре́ть на мир **бо́жий**[2]. Я был здоро́в, мо́лод, ве́сел, де́ньги у меня́ бы́ли, забо́ты ещё не успе́ли **завести́сь**[3] – я жил без **огля́дки**[4], де́лал, что хоте́л, **процвета́л**[5], одни́м сло́вом.

Я путеше́ствовал без вся́кой це́ли, без пла́на; остана́вливался везде́, где мне нра́вилось, и отправля́лся то́тчас да́лее, как то́лько чу́вствовал жела́ние ви́деть но́вые ли́ца – и́менно ли́ца. Меня́ занима́ли исключи́тельно одни́ лю́ди; я ненави́дел любопы́тные па́мятники, замеча́тельные **собра́ния**[6]. Приро́да де́йствовала на меня́ чрезвыча́йно, но я не люби́л так называ́емых её красо́т, необыкнове́нных гор, водопа́дов; я не люби́л, что́бы она́ **навя́зывалась**[7]

---

[1] вырыва́ться|вы́рваться = си́лой освободи́ться|уйти́ отку́да-н.

[2] бо́жий *прил.*; *см.* бог

[3] заводи́ться|завести́сь = появи́ться

[4] огля́дка = кра́йнее внима́ние|осторо́жность в де́йствиях

[5] процвета́ть|процвести́ = успе́шно развива́ться; здесь: быть успе́шным|име́ть успе́х

[6] собра́ние = совме́стное прису́тствие люде́й где-л.|колле́кция (карти́н и т.п.)

[7] навя́зываться|навяза́ться = здесь: заста́вить обрати́ть внима́ние

мне, чтóбы онá мне мешáла. Затó лúца, живы́е, человéческие лúца – рéчи людéй, их движéния, смех – вóт без чегó я обойтúсь не мог. В толпé мнé было всегдá осóбенно легкó и отрáдно; мнé было вéсело идтú, кудá шли другúе, кричáть, когдá другúе кричáли, и в тó же врéмя я любúл смотрéть, как э́ти другúе кричáт. Меня́ **забавля́ло**[8] наблюдáть людéй... да я дáже не наблюдáл их – я их рассмáтривал с какúм-то рáдостным и óчень сúльным любопы́тством. Но я **сбивáюсь в стóрону**[9].

Итáк, лет двáдцать тому́ назáд я проживáл в немéцком небольшóм городкé З., на лéвом берегу́ Рéйна. Я искáл **уединéния**[10]: я тóлько что **был поражён в сéрдце**[11] однóй молодóй **вдовóй**[12], с котóрой познакóмился на **вóдах**[13]. Онá былá óчень хорошá собóй и умнá, кокéтничала со всéми – и со мнóй, - сперва дáже **поощря́ла**[14] меня́, а потóм жестóко меня́ обúдела тем, что **пожéртвовала**[15] мнóй одному́ краснощёкому бавáрскому лейтенáнту.

---

[8] забавля́ть|позабáвить = доставля́ть удовóльствие|рáдость; *сущ.:* забáва

[9] сбивáться|сбúться = сдвúнуться|уйтú от прáвильного путú; здесь: говорúть на другу́ю тéму

[10] уединéние = пребывáние в одинóчестве

[11] быть поражённым в сéрдце = *от гл.* поразúть = произвестú сúльное впечатлéние; здесь: быть влюблённым (*устар.* здесь: *ирон.*)

[12] вдовá = жéнщина, у к-рой у́мер муж

[13] вóды = курóрт

[14] поощря́ть|поощрúть = возбудúть желáние дéлать что-н.

[15] жéртвовать|по– чем-л. = отказáться от кого-|чего-л. ради кого-|чего-л.

Призна́ться сказа́ть, **ра́на**[16] моего́ се́рдца не о́чень была́ глубока́; но я счёл до́лгом **преда́ться**[17] на не́которое вре́мя печа́ли и одино́честву – чем мо́лодость не **те́шится**[18]! – и посели́лся в З.

Городо́к э́тот мне понра́вился свои́м местоположе́нием у **подо́швы** двух высо́ких **холмо́в**[19], свои́ми ста́рыми сте́нами и ба́шнями, веко́выми ли́пами, **круты́м**[20] мосто́м над све́тлой ре́чкой, а гла́вное, свои́м хоро́шим вино́м. По его́ у́зким у́лицам гуля́ли ве́чером, то́тчас по́сле захожде́ния со́лнца (де́ло бы́ло в ию́не), **прехоро́шенькие**[21] **белоку́рые**[22] не́мочки и, при встре́че с иностра́нцем, произноси́ли прия́тным голоско́м: **«Guten Abend»**[23] - а не́которые из ни́х не уходи́ли да́же и тогда́, когда́ луна́ поднима́лась из-за о́стрых крыш ста́реньких домо́в. Я люби́л **броди́ть**[24] тогда́ по го́роду; луна́, каза́лось, **при́стально**[25] гляде́ла на него́ с чи́стого не́ба: и го́род чу́вствовал э́тот взгляд и стоя́л ми́рно, по́лон э́того споко́йного све́та, кото́рый в то же вре́мя ти́хо волну́ет ду́шу. Что́-то пробега́ло в тени́ о́коло стари́нного

---

[16] ра́на = здесь: боль

[17] предава́ться|преда́ться = целико́м отда́ться кому-|чему-л.

[18] те́шиться|по– = забавля́ться

[19] подо́шва = ни́жняя часть чего-л.; холм = го́рка|возвы́шенность

[20] круто́й = тако́й, к-рый высоко́ и ре́зко поднима́ется над чем-л.

[21] прехоро́шенький = о́чень краси́вый|о́чень симпати́чный

[22] белоку́рый = со све́тлыми волоса́ми

[23] До́брый ве́чер! *(нем.)*

[24] броди́ть *несов.* = ходи́ть без це́ли

[25] о́чень внима́тельно

коло́дца[26] на трёхуго́льной пло́щади, внеза́пно **раздава́лся**[27] сонли́вый **свисто́к**[28] ночно́го сто́рожа, доброду́шная соба́ка **ворча́ла**[29] вполго́лоса, а во́здух так и ласка́л лицо́, и ли́пы па́хли так сла́дко, что грудь **понево́ле**[30] всё глу́бже и глу́бже дыша́ла.

Городо́к З. лежи́т в двух **верста́х**[31] от Ре́йна. Я ча́сто ходи́л смотре́ть на **велича́вую**[32] ре́ку, не без не́которого напряже́ния мечта́л о вдове́, проси́живал до́лгие часы́ на ка́менной скамье́ под одино́ким **я́сенем**[33]. На противополо́жном берегу́ находи́лся городо́к Л., немно́го побо́льше того́, в кото́ром я **посели́лся**[34]. Одна́жды ве́чером сиде́л я на свое́й люби́мой скамье́ и гляде́л то на́ реку, то на́ небо, то на виногра́дники. Вдруг донесли́сь до меня́ зву́ки му́зыки: я прислу́шался. В го́роде Л. игра́ли вальс.

- Что э́то? - спроси́л я одного́ старика́, кото́рый подошёл ко мне́.

- Э́то, - отвеча́л он мне, - студе́нты прие́хали из Б. на **ко́ммерш**[35].

---

[26] коло́дец = у́зкая и глубо́кая я́ма для добыва́ния воды́

[27] раздава́ться|разда́ться = стать слы́шным

[28] свисто́к = высо́кий звук

[29] ворча́ть *несов.* = издава́ть ни́зкие зву́ки|выража́ть неудово́льствие

[30] автомати́чески

[31] верста́ = ру́сская ме́ра длины́

[32] велича́вый = тако́й, к-рый произво́дит впечатле́ние красото́й и значи́тельностью

[33] я́сень *м.* = вид де́рева

[34] сели́ться|по– = устро́ить|найти́ себе́ жильё

[35] попо́йка = *разг.* = весёлое студе́нческое собра́ние

«А посмотрю́-ка я на э́тот ко́ммерш, - поду́мал я, - кста́ти же я в Л. не быва́л». Я отыска́л **перево́зчика**[36] и отпра́вился на другу́ю сто́рону.

[36] перево́зчик = ч-к, к-рый перево́зит люде́й через ре́ку на ло́дке

II

Мóжет бы́ть, не вся́кий знáет, что такóе кóммерш. Э́то осóбенного рóда торжéственный **пир**[1], на котóрый схóдятся студéнты однóй земли́ и́ли брáтства (Landsmannschaft). Почти́ все учáстники в кóммерше нóсят традициóнный костю́м немéцких студéнтов: **венгéрки**[2], больши́е сапоги́ и мáленькие **шáпочки**[3]. Собирáются студéнты обыкновéнно к обéду под председáтельством сениóра, то есть старшины́, – и пиру́ют до утрá, пьют, пою́т пéсни, ку́рят, иногдá они́ **нанимáют**[4] оркéстр.

Такóй тóчно кóммерш происходи́л в г. Л. пéред небольшóй гости́ницей, в саду́, котóрый выходи́л на у́лицу. Студéнты сидéли за столáми под ли́пками, огрóмный бульдóг лежáл под одни́м из столóв; в сторонé, в **besédке**[5], **усéрдно**[6] игрáли музыкáнты и то и дéло подкрепля́ли себя́ пи́вом. На у́лице, пéред ни́зкой **оградóй**[7] сáда, собралóсь довóльно мнóго нарóда: дóбрые грáждане городкá Л. не хотéли пропусти́ть слу́чая **поглазéть**[8] на заéзжих гостéй. Я тóже **вмéшался**[9] в толпу́ зри́телей. Мнé бы́ло вéсело

---

[1] пир = большóй, весёлый обéд; пировáть *несов.* = учáствовать в пи́ре
[2] венгéрка = ку́ртка, т.е вéрхняя мужскáя одéжда
[3] *см.* шáпка; *уменьш.* шáпочка
[4] нанимáть|наня́ть = брать на рабóту за плáту
[5] бесéдка = лёгкое строéние в саду́ для óтдыха
[6] с большóй старáтельностью и энéргией
[7] огрáда = стенá|решётка вокру́г учáстка земли́
[8] глазéть|по– = посмотрéть из любопы́тства
[9] вмéшиваться|вмéшаться = стать учáстником чужóго дéла; здесь: присоедини́ться

смотре́ть на ли́ца студе́нтов; неви́нное коке́тничание мо́лодости, горя́щие взгля́ды, смех без причи́ны – лу́чший смех на све́те – всё э́то ра́достное **кипе́ние**[10] жи́зни ю́ной, све́жей, э́тот **поры́в**[11] вперёд – куда́ бы то ни́ было, лишь бы вперёд, − э́то доброду́шное **раздо́лье**[12] меня́ тро́гало и **поджига́ло**[13]. «Уж не пойти́ ли к ним?» - спра́шивал я себя́...

- А́ся, дово́льно тебе́? - вдруг произнёс за мно́й мужско́й го́лос по-ру́сски.

- Подождём ещё, - отвеча́л друго́й, же́нский го́лос на том же языке́.

Я бы́стро оберну́лся... **Взор**[14] мо́й упа́л на краси́вого молодо́го челове́ка; он держа́л по́д руку де́вушку невысо́кого ро́ста, в соло́менной шля́пе, кото́рая закрыва́ла всю ве́рхнюю часть её лица́.

- Вы ру́сские? - **сорвало́сь** у меня́ нево́льно **с языка́**[15].

Молодо́й челове́к улыбну́лся и отве́тил:

- Да, ру́сские.

- Я ника́к не ожида́л... в тако́м **захолу́стье**[16], - на́чал я.

---

[10] *от гл.* кипе́ть|вс– = проявля́ть что-л. с си́лой|в си́льной сте́пени

[11] поры́в = внеза́пное стремле́ние

[12] свобо́да

[13] поджига́ть|подже́чь = заста́вить горе́ть; здесь: вызыва́ть жела́ния

[14] взор = взгляд

[15] сорва́ться с языка́ *сов.* = вдруг сказа́ть необду́манно

[16] отдалённое от це́нтра ме́сто|прови́нция

- И мы́ не ожида́ли, - переби́л он меня́, - что ж? тем лу́чше. Позво́льте **рекомендова́ться**[17]: меня́ зову́т Га́гиным, а вот э́то моя́... – он **запну́лся**[18] на мгнове́ние, - моя́ сестра́. А ва́ше и́мя позво́льте узна́ть?

Я назва́л себя́, и мы разговори́лись. Я узна́л, что Га́гин, кото́рый путеше́ствовал, так же как и я́, для своего́ удово́льствия, неде́лю тому́ наза́д зае́хал в городо́к Л., да и **застря́л**[19] в нём. Пра́вду сказа́ть, я неохо́тно знако́мился с ру́сскими за грани́цей. Я их узнава́л да́же и́здали по их похо́дке, по их оде́жде, а гла́вное, по выраже́нию их лица́. Самодово́льное и **презри́тельное**[20], ча́сто **повели́тельное**[21], оно́ вдруг сменя́лось выраже́нием осторо́жности и ро́бости... Да, я **избега́л**[22] ру́сских, но Га́гин мне понра́вился то́тчас. Есть на све́те таки́е счастли́вые ли́ца: гляде́ть на них вся́кому прия́тно. У Га́гина бы́ло и́менно тако́е лицо́, ми́лое, ла́сковое, с больши́ми мя́гкими глаза́ми и мя́гкими **курча́выми**[23] волоса́ми. Говори́л он та́к, что, да́же е́сли вы не ви́дите его́ лица́, вы по одному́ зву́ку его́ го́лоса чу́вствовали, что он улыба́ется.

Де́вушка, кото́рую он назва́л свое́й сестро́ю, с пе́рвого взгля́да показа́лась мне о́чень милови́дной.

---

[17] рекомендова́ться *несов. и сов.* = назва́ть себя́ при знако́мстве|предста́виться

[18] запина́ться|запну́ться = пре́рвать речь

[19] застрева́ть|застря́ть = попа́сть во что-л. так, что тру́дно вы́йти; здесь: оста́ться на неопределённое вре́мя

[20] презри́тельный = без уваже́ния

[21] повели́тельный; *гл.* веле́ть = то же что приказа́ть|выража́ть приказа́ние, тре́бование

[22] избега́ть|избежа́ть = спасти́сь|стара́ться не встреча́ться с кем-|чем-л.

[23] курча́вые во́лосы = с ло́конами

Было что́-то своё, осо́бенное в её **смуглова́том**[24], кру́глом лице́, с небольши́м то́нким но́сом, почти́ де́тскими **щёчками**[25] и чёрными, све́тлыми глаза́ми. Фигу́ра у неё была́ грацио́зной, но как бу́дто не вполне́ ещё **ра́звитой**[26]. Она́ нискόлько не походи́ла на своего́ бра́та.

- Хоти́те вы зайти́ к нам? - сказа́л мне Га́гин, - ка́жется, дово́льно мы **насмотре́лись**[27] на не́мцев. На́ши бы, пра́вда, стёкла разби́ли и полома́ли сту́лья, но э́ти уж о́чень скромны́. Как ты ду́маешь, А́ся, пойти́ нам домо́й?

Де́вушка согласи́лась.

- Мы живём за́ городом, - продолжа́л Га́гин, - в виногра́днике, в одино́ком доми́шке, высоко́. У нас сла́вно, посмо́трите. Хозя́йка обеща́ла пригото́вить нам ки́слого молока́. Тепе́рь же ско́ро стемне́ет, и вам лу́чше бу́дет переезжа́ть Ре́йн при луне́.

Мы отпра́вились. Через ни́зкие воро́та го́рода мы вы́шли в по́ле, прошли́ шаго́в сто вдоль ка́менной огра́ды и останови́лись перед у́зенькой **кали́ткой**[28]. Га́гин **отвори́л**[29] её и повёл нас в го́ру по круто́й тропи́нке. С обе́их сторо́н рос виногра́д; со́лнце то́лько что се́ло, и **а́лый**[30] то́нкий свет лежа́л на зелёных расте́ниях, на сухо́й земле́ и на бе́лой стене́ небольшо́го до́мика.

---

[24] смуглова́тый = о ко́же: чуть тёмного цве́та

[25] щёчка *см.* щека́

[26] ра́звитый *см.* разви́тие

[27] насмотре́ться *сов.* = до́лго и с больши́м внима́нием посмотре́ть на кого-|что-л.

[28] кали́тка = что́-то вро́де вхо́да|небольша́я дверь в огра́де

[29] отворя́ть|отвори́ть = то же, что откры́ть

[30] а́лый = я́рко-кра́сный

- Вот и нáше **жили́ще**[31]! - **воскли́кнул**[32] Гáгин, как тóлько мы стáли приближáться к дóмику, - а вот и хозя́йка несёт молокó. **Guten Abend, Madame!..**[33] Мы сейчáс при́мемся за еду́; но пре́жде, - прибáвил он, - огляни́тесь... какóв вид?

Вид был тóчно чудéсный. Рéйн лежáл перед нáми весь серéбряный, мéжду зелёными берегáми. Внизу́ бы́ло хорошó, но наверху́ ещё лу́чше: меня́ осóбенно порази́ла чистотá и глубинá нéба, свéжий и лёгкий вóздух.

- Отли́чную вы вы́брали кварти́ру, - сказáл я.

-Э́то А́ся её нашлá, - отвечáл Гáгин, - ну́-ка, А́ся, - продолжáл он, - **распоряжáйся**[34]. **Вели́**[35] всё сюдá подáть. Мы стáнем у́жинать на вóздухе. Тут му́зыка слышнéе. Замéтили ли вы, - обрати́лся он ко мнé, - вблизи́ инóй вальс **никудá не годи́тся**[36] – пóшлые, гру́бые зву́ки, – а в **отдалéнье**[37], чу́до! так и трóгает в вас все романти́ческие **стру́ны**[38].

А́ся (сóбственное и́мя её бы́ло А́нна, но Гáгин называ́л её А́сей, и уж вы позвóльте мне её так называ́ть) – А́ся отпрáвилась в дом и скóро верну́лась вмéсте с хозя́йкой.

---

[31] помещéние для жилья́

[32] восклицáть|воскли́кнуть = грóмко и с чу́вством сказáть

[33] дóбрый вéчер, мадáм! *(нем.)*

[34] распоряжáться|распоряди́ться = приказáть

[35] велéть *сов. и несов.* = то же, что приказáть

[36] э́то никудá не годи́тся = óчень плóхо

[37] *устар.;* отдалéние

[38] струнá = нить из метáлла и др. материáлов в нéкоторых музыкáльных инструмéнтах; здесь: чу́вство

Они́ вдвоём несли́ большо́й подно́с с **горшко́м**[39] молока́, таре́лками, ло́жками, са́харом, я́годами, хле́бом. Мы усе́лись и приняли́сь за у́жин. А́ся сняла́ шля́пу; её чёрные во́лосы, **остри́женные**[40], как у ма́льчика, па́дали кру́пными ло́конами на ше́ю и у́ши. Снача́ла она́ **дичи́лась**[41] меня́; но Га́гин сказа́л е́й:

- А́ся, **по́лно**[42]! он не куса́ется.

горшо́к

Она́ улыбну́лась и немно́го спустя́ уже́ сама́ загова́ривала со мно́й. Я не **вида́л**[43] существа́ бо́лее **подви́жного**[44]. **Ни одно́ мгнове́ни**е[45] она́ не сиде́ла **сми́рно**[46]; встава́ла, убега́ла в дом и прибега́ла сно́ва, **напева́ла вполго́лоса**[47], ча́сто смея́лась, и о́чень стра́нным о́бразом: каза́лось, она́ смея́лась не тому́, что слы́шала, а ра́зным мы́слям, кото́рые е́й приходи́ли в го́лову. Её больши́е глаза́ гляде́ли пря́мо, светло́, сме́ло, но иногда́ она́

---

[39] горшо́к
[40] остри́женные во́лосы = укоро́ченные с по́мощью но́жниц
[41] дичи́ться кого-|чего-л. *несов.* = испы́тывать ро́бость|не проявля́ть интере́са
[42] дово́льно|переста́нь!
[43] вида́ть *несов.* = то же, что ви́деть
[44] подви́жный = живо́й|бы́стрый в движе́ниях
[45] *устар.* = ни одного́ мгнове́ния…; мгнове́ние = моме́нт
[46] споко́йно
[47] напева́ть|напе́ть вполго́лоса = негро́мко петь

щу́рилась[48], и тогда́ взор её внеза́пно станови́лся глубо́к и не́жен.

Мы поговори́ли часа́ два. Ве́чер, сперва́ весь **огни́стый**[49], пото́м я́сный и а́лый, пото́м бле́дный и сму́тный, ти́хо **та́ял**[50] и переходи́л в ночь, а бесе́да на́ша всё продолжа́лась, ми́рная и ти́хая, как во́здух вокру́г нас. Га́гин веле́л принести́ буты́лку рейнве́йна; мы её **вы́пили не спеша́**[51]. Му́зыка по-пре́жнему долета́ла до нас, зву́ки её каза́лись сла́ще и нежне́е; огни́ **зажгли́сь**[52] в го́роде и над реко́й. А́ся вдруг опусти́ла го́лову, так что **ку́дри**[53] е́й на глаза́ упа́ли, замо́лкла и вздохну́ла, а пото́м сказа́ла нам, что хо́чет спать, и ушла́ в дом; я, одна́ко, ви́дел, как она́, не **зажига́я**[54] **свечи́**[55], до́лго стоя́ла за нераскры́тым окно́м. Наконе́ц, луна́ вста́ла и заигра́ла по Ре́йну; всё освети́лось, потемне́ло, измени́лось, да́же вино́ в на́ших стака́нах заблесте́ло таи́нственным бле́ском. Ве́тер упа́л и **за́мер**[56]; ночны́м, души́стым тепло́м па́хло от земли́.

свеча́

- Пора́! - воскли́кнул я, - а то, пожа́луй, перево́зчика не найти́.

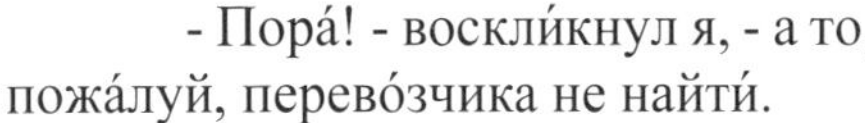

[48] щу́риться|со– = прикрыва́ть глаза́, т.е. закры́ть глаза́ не до конца́

[49] *см.* ого́нь

[50] та́ять|рас– = постепе́нно исчеза́ть

[51] де́лать что-л. не спеша́ = ме́дленно

[52] зажига́ться|заже́чься = нача́ть горе́ть

[53] ку́дри *мн.* = ло́коны

[54] *деепр.*

[55] свеча́; здесь: *род.п. ед.ч.; мн.:* све́чи

[56] замира́ть|замере́ть = переста́ть дви́гаться|зако́нчиться

- Пора́, - повтори́л Га́гин.

Мы пошли́ вниз по тропи́нке. Ка́мни вдруг **посы́пались**[57] за на́ми: э́то А́ся нас **догоня́ла**[58].

- Ты ра́зве не спишь? - спроси́л её брат, но она́, не **отве́тив**[59] ему́ ни сло́ва, пробежа́ла ми́мо.

Мы нашли́ А́сю у бе́рега: она́ разгова́ривала с перево́зчиком. Я **пры́гнул**[60] в ло́дку и прости́лся с но́выми мои́ми друзья́ми. Га́гин обеща́л **навести́ть**[61] меня́ на сле́дующий день; я **пожа́л его́ ру́ку**[62] и протяну́л свою́ А́се; но она́ то́лько посмотре́ла на меня́ и **покача́ла голово́й**[63]. Ло́дка **понесла́сь**[64] по бы́строй реке́.

Ло́дка **прича́лила**[65]. Я вы́шел и огляну́лся. Никого́ уж не́ было ви́дно на противополо́жном берегу́. Сло́вно на проща́ние донесли́сь зву́ки стари́нного ва́льса. Га́гин был прав: я почу́вствовал, что все стру́ны се́рдца моего́ задрожа́ли в отве́т на мело́дию. Я отпра́вился домо́й через поля́, ме́дленно **вдыха́я**[66] **па́хучий**[67] во́здух, и пришёл в свою́ ко́мнатку по́лный беспредме́тных и бесконе́чных ожида́ний. Я чу́вствовал

---

[57] сы́паться|по– = здесь: на́чали кати́ться|дви́гаться вниз

[58] догоня́ть|догна́ть = прибли́зиться

[59] *деепр.*

[60] пры́гать|пры́гнуть = ре́зким движе́нием перешагну́ть с бе́рега в ло́дку

[61] навеща́ть|навести́ть = зайти́ к кому-л.

[62] пожима́ть|пожа́ть ру́ку кому-л. = пода́ть ру́ку при встре́че|расстава́нии

[63] кача́ть|по– голово́й = сде́лать знак голово́й

[64] нести́сь|по– = бы́стро дви́гаться вперёд

[65] прича́ливать|прича́лить = подойти́|приплы́ть к бе́регу

[66] *деепр.*

[67] па́хучий = с си́льным (прия́тным) за́пахом

себя́ счастли́вым... Но отчего́ я был сча́стлив? Я ничего́ не жела́л, я ни о чём не ду́мал... Я был сча́стлив.

Чуть не **смея́сь**[68] от **избы́тка**[69] прия́тных и игри́вых чу́вств, я **нырну́л**[70] в посте́ль и уже́ **закры́л бы́ло**[71] глаза́, как вдруг мне пришло́ на ум, что в тече́ние ве́чера я ни ра́зу не вспо́мнил о мое́й жесто́кой краса́вице... «Что же э́то зна́чит? - спроси́л я самого́ себя́. - Ра́зве я не влюблён?» Но, **зада́в**[72] себе́ э́тот вопро́с, я, ка́жется, неме́дленно засну́л.

---

[68] *деепр.*

[69] избы́ток = о́чень|сли́шком мно́го чего́-л.

[70] ныря́ть|нырну́ть = опуска́ться в во́ду |здесь: лечь

[71] т.е. уже́ хоте́л закры́ть

[72] *деепр.*

III

На друго́е у́тро (я уже́ просну́лся, но ещё не встава́л) стук **па́лки**[1] разда́лся у меня́ под окно́м, и го́лос, кото́рый я то́тчас призна́л за го́лос Га́гина, запе́л:

Ты спишь ли? Гита́рой
Тебя́ разбужу́...

Я поспеши́л ему́ отвори́ть дверь.

-Здра́вствуйте, - сказа́л Га́гин **входя́**[2], - я вас ра́ненько **потрево́жил**[3], но посмотри́те, како́е у́тро. Све́жесть, **роса́**[4], **жа́воронки**[5] пою́т...

С свои́ми курча́выми блестя́щими волоса́ми, откры́той ше́ей и ро́зовыми щека́ми он сам был свеж, как у́тро.

Я оде́лся; мы вы́шли в са́дик, се́ли на скаме́йку, веле́ли пода́ть себе́ ко́фе и **приняли́сь**[6] бесе́довать. Га́гин сообщи́л мне свои́ пла́ны на бу́дущее: **владе́я**[7] **поря́дочным состоя́нием**[8] и ни от кого́ не **зави́ся**[9], он хоте́л посвяти́ть себя́ жи́вописи и то́лько сожале́л о том,

---

[1] па́лка
[2] *деепр.*
[3] трево́жить|по– = меша́ть кому-л.
[4] роса́ = водяны́е ка́пли на расте́ниях
[5] жа́воронок = пти́ца, к-рая краси́во поёт
[6] принима́ться|приня́ться = нача́ть какое-н. де́ло
[7] *деепр.*
[8] поря́дочный = здесь: большо́й ; т.е. он был дово́льно бога́т
[9] *деепр.*

что мно́го вре́мени потра́тил по-пусто́му; я та́кже **упомяну́л**[10] о мои́х предположе́ниях, да, кста́ти, **пове́рил ему́ та́йну**[11] мое́й несча́стной любви́. Он вы́слушал меня́, но, ско́лько я мог заме́тить, си́льного сочу́вствия к мое́й стра́сти я в нём не возбуди́л. Пото́м Га́гин предложи́л мне пойти́ к нему́ посмотре́ть его́ **этю́ды**[12]. Я то́тчас согласи́лся.

Мы не заста́ли А́сю. Она́, по слова́м хозя́йки, отпра́вилась на **«разва́лину»**[13]. Верста́х в двух от го́рода Л. находи́лись оста́тки феода́льного **за́мка**[14]. Га́гин раскры́л мне все свои́ **карто́ны**[15]. В его́ этю́дах бы́ло мно́го жи́зни и пра́вды, что́-то свобо́дное и широ́кое; но он ни одного́ из них не око́нчил, и рису́нок показа́лся мне **небре́жен**[16] и неве́рен. Я открове́нно вы́сказал ему́ моё мне́ние.

- Да, да, - сказа́л он со вздо́хом, - вы пра́вы; всё э́то о́чень пло́хо и **незре́ло**[17], что де́лать! Не учи́лся я как сле́дует, да и **прокля́тая**[18] славя́нская **рас-пу́щенность**[19] берёт своё. Пока́ мечта́ешь о рабо́те, так

---

[10] упомина́ть|упомяну́ть = назва́ть

[11] поверя́ть|пове́рить кому́ что = сообщи́ть что-н. из осо́бого дове́рия

[12] этю́д = рису́нок

[13] разва́лина = оста́тки зда́ния|руи́ны

[14] за́мок = дворе́ц

[15] т.е. показа́л мне свои́ рабо́ты

[16] небре́жный = сде́ланный без стара́ния

[17] незре́лый = непо́лного разви́тия; здесь: несоверше́нный|незако́нченный

[18] прокля́тый = ненави́стный

[19] недоста́ток дисципли́ны

и **пари́шь орло́м**[20]: зе́млю, ка́жется, сдви́нул бы с ме́ста – а в исполне́нии то́тчас слабе́ешь и устаёшь.

Я на́чал бы́ло **ободря́ть**[21] его́, но он **махну́л руко́й**[22], собра́л карто́ны и бро́сил их на дива́н.

- Е́сли хва́тит терпе́ния, из меня́ вы́йдет что́-нибудь, - сказа́л он сквозь зу́бы, - не хва́тит, оста́нусь **не́дорослем**[23] из дворя́н. Пойдёмте-ка лу́чше А́сю оты́скивать.

Мы пошли́.

---

[20] ве́ришь, что всё уда́стся

[21] ободря́ть|ободри́ть кого-л. = подня́ть настрое́ние|прида́ть уве́ренности

[22] маха́ть|махну́ть руко́й = знак безнадёжности|бесполе́зности

[23] не́доросль *м.* = молодо́й дворяни́н, к-рый ещё не дости́г совершенноле́тия|глупова́тый ю́ноша

IV

Доро́га к разва́лине **вила́сь**[1] по у́зкой леси́стой доли́не, на дне кото́рой бежа́л **руче́й**[2]. Га́гин обрати́л моё внима́ние на не́которые счастли́во **освещённые**[3] места́; в слова́х его́ слы́шался е́сли не живопи́сец, то уж наве́рное худо́жник. Ско́ро показа́лась разва́лина. На са́мой верши́не го́лой **скалы́**[4] возвыша́лась четырёхуго́льная ба́шня, вся чёрная, ещё кре́пкая, но с **продо́льной тре́щиной**[5]. Камени́стая тропи́нка вела́ к **уцеле́вшим**[6] воро́там. Мы уже́ подходи́ли к ним, как вдруг впереди́ на́с **мелькну́ла**[7] же́нская фигу́ра, бы́стро перебежа́ла по **гру́де**[8] **обло́мков**[9] и помести́лась у стены́, пря́мо над **про́пастью**[10].

- А ведь э́то А́ся! - воскли́кнул Га́гин, - **э́кая сумасше́дшая**[11]!

Мы вошли́ в воро́та и **очути́лись**[12] на небольшо́м дво́рике, до полови́ны **заро́сшем**[13]

---

[1] ви́ться *несов.* = кружи́ться

[2] руче́й = ма́ленькая речу́шка

[3] освещённый = све́тлый

[4] скала́ = го́лая гора́

[5] продо́льная тре́щина = вертика́льное у́зкое углубле́ние

[6] уцеле́вший = тако́й, к-рый оста́лся це́лым

[7] мелька́ть|мелькну́ть = бы́стро появи́ться и так же бы́стро исче́знуть

[8] гру́да = больша́я ку́ча

[9] обло́мок = кусо́к чего́-л.; здесь: обло́мок стены́|ка́мня

[10] про́пасть *ж.* = глубина́

[11] э́кий = како́й; сумаше́дший = ч-к, к-рый сошёл с ума́

[12] очути́ться *сов.* = попа́сться куда-л.|оказа́ться

[13] заро́сший = покры́тый

ди́кими расте́ниями. На **усту́пе**[14] сиде́ла, то́чно, А́ся. Она́ поверну́лась к нам лицо́м и засмея́лась, но не **тро́нулась с ме́ста**[15]. Га́гин погрози́л е́й па́льцем, а я гро́мко упрекну́л её в **неосторо́жности**[16].

- **По́лноте**[17], - сказа́л мне шёпотом Га́гин, - не **дразни́те**[18] её; вы её не зна́ете: она́, пожа́луй, ещё на ба́шню подни́мется. А вот вы лу́чше **подиви́тесь**[19] уме́нию зде́шних жи́телей.

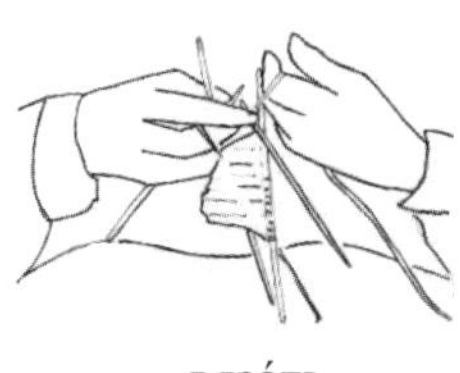

вяза́ть

Я огляну́лся. В уголке́ стару́шка **вяза́ла**[20] и смотре́ла на нас через очки́. Она́ продава́ла тури́стам пи́во, **пря́ники**[21] и зе́льтерскую во́ду. Мы **умести́лись**[22] на ла́вочке и приняли́сь пить дово́льно холо́дное пи́во. А́ся продолжа́ла сиде́ть неподви́жно; стро́йный о́блик её отчётливо и краси́во рисова́лся на я́сном не́бе; но я с **неприя́зненным чу́вством**[23] посма́тривал на неё. Уже́ накану́не заме́тил я в не́й что-то **напряжённое**[24], не совсе́м есте́ственное...

---

[14] усту́п = часть стены́

[15] тро́гаться|тро́нуться с ме́ста = нача́ть дви́гаться

[16] неосторо́жность *ж.*= легкомы́сленность; *см.* осторо́жный

[17] здесь: оста́вьте её в поко́е

[18] дразни́ть *несов.* = злить|раздража́ть

[19] диви́ться|по– = любова́ться|удивля́ться

[20] вяза́ть|с–

[21] пря́ник = сла́дкое пече́нье

[22] умеща́ться|умести́ться где-л. = сесть куда-л.

[23] неприя́зненное чу́вство = ч. неодобре́ния

[24] напряжённый = неспоко́йный

«Она́ хо́чет удиви́ть нас, - ду́мал я, - **к чему́**[25] э́то? Что за де́тское поведе́ние?» Она́ как бу́дто **угада́ла**[26] мои́ мы́сли, бро́сила вдруг на меня́ бы́стрый и **пронзи́тельный**[27] взгляд, засмея́лась опя́ть, в два прыжка́ соскочи́ла со стены́ и, **подойдя**[28] к стару́шке, попроси́ла у неё стака́н воды́.

- Ты ду́маешь, я хочу́ пить? - обрати́лась она́ к бра́ту, - нет; тут есть цветы́ на сте́нах, кото́рые **поли́ть**[29] на́до.

Га́гин ничего́ не отвеча́л е́й; а она́, со стака́ном в руке́, начала́ поднима́ться по разва́линам, и́зредка остана́вливалась и с **заба́вной**[30] ва́жностью **роня́ла**[31] не́сколько ка́пель воды́, кото́рые я́рко блесте́ли на со́лнце. Её движе́ния бы́ли о́чень милы́, но **мне** по-пре́жнему бы́ло **доса́дно**[32] на неё, хотя́ я нево́льно любова́лся её лёгкостью и **ло́вкостью**[33]. На одно́м опа́сном ме́сте она́ наро́чно вскри́кнула и пото́м **захохота́ла**[34]... Мне ста́ло ещё доса́днее.

Наконе́ц, А́ся **опоро́жнила**[35] весь сво́й стака́н и возврати́лась к нам. Стра́нная **усме́шка**[36] слегка́

---

[25] заче́м

[26] уга́дывать|угада́ть = здесь: поня́ть|узна́ть

[27] пронзи́тельный = ре́зкий|о́стрый

[28] *деепр.*

[29] полива́ть|поли́ть цветы́ = дать воды́

[30] заба́вный = весёлый

[31] роня́ть|урони́ть = дава́ть упа́сть

[32] доса́дно = оби́дно

[33] ло́вкость *ж.* = уме́ние *см.*уме́ть; *прил.* уме́лый

[34] хохота́ть *несов.* = гро́мко смея́ться; захохота́ть *сов.* = нача́ть гро́мко смея́ться

[35] опорожня́ть|опоро́жнить = сде́лать пусты́м

[36] усме́шка = ирони́ческая улы́бка

подёргивала её лицо́, **полуде́рзко**[37], полуве́село щу́рились тёмные глаза́.

«Вы нахо́дите моё поведе́ние **неприли́чным**[38]», - каза́лось, говори́ло её лицо́, - всё равно́: я зна́ю, вы мно́й любу́етесь».

- **Иску́сно**[39], А́ся, иску́сно, - сказа́л Га́гин вполго́лоса.

Она́ вдруг как бу́дто застыди́лась, опусти́ла глаза́ и скро́мно подсе́ла к нам, как винова́тая. Я тут в пе́рвый раз хороше́нько рассмотре́л её лицо́, са́мое **изме́нчивое**[40] лицо́, **како́е я то́лько**[41] ви́дел. Не́сколько мгнове́ний спустя́ оно́ уже́ всё побледне́ло и при́няло почти́ печа́льное выраже́ние; сами́е черты́ её мне показа́лись бо́льше, стро́же, про́ще. Она́ вся зати́хла. Мы обошли́ разва́лину круго́м (А́ся шла за на́ми) и полюбова́лись ви́дами. Между те́м час обе́да приближа́лся. Га́гин спроси́л ещё кру́жку пи́ва, заплати́л стару́шке, оберну́лся ко мне и воскли́кнул:

- За здоро́вье да́мы ва́шего се́рдца!

- А ра́зве у него́, - ра́зве у вас е́сть така́я да́ма? - спроси́ла вдруг А́ся.

- Да у кого́ же её нет? - возрази́л Га́гин.

А́ся заду́малась на мгнове́ние; её лицо́ опя́ть измени́лось, опя́ть появи́лась на нём почти́ де́рзкая усме́шка.

---

[37] де́рзкий = неуважи́тельный

[38] неприли́чный = не по пра́вилам хоро́шего поведе́ния

[39] иску́сно = уме́ло|хорошо́ ты сде́лала

[40] изме́нчивый = *см.* измени́ться

[41] како́е я когда-ли́бо

На обра́тном пути́ она́ ещё бо́льше хохота́ла и **шали́ла**[42]. Она́ слома́ла дли́нную ве́тку, положи́ла её к себе́ на плечо́, как ружьё, повяза́ла себе́ го́лову **ша́рфом**[43]. Нам встре́тилась многочи́сленная семья́ белоку́рых англича́н; все они́, сло́вно по кома́нде, с холо́дным изумле́нием проводи́ли А́сю свои́ми стекля́нными глаза́ми, а она́, как бы им **назло́**[44], гро́мко запе́ла. Мы верну́лись домо́й, и она́ то́тчас ушла́ к себе́ в ко́мнату и появи́лась то́лько к са́мому обе́ду в лу́чшем своём пла́тье. За столо́м она́ держа́лась о́чень **чи́нно**[45], е́ла и пила́ ма́ло. Е́й **я́вно**[46] хоте́лось разыгра́ть передо мно́й но́вую роль - роль прили́чной и **благовоспи́танной ба́рышни**[47]. Га́гин не меша́л е́й: заме́тно было, что он привы́к **потака́ть**[48] е́й во всём. Он то́лько по времена́м доброду́шно взгля́дывал на меня́, как бы **жела́я**[49] сказа́ть: «Она́ ребёнок; бу́дьте **снисходи́тельны**[50]». Как то́лько ко́нчился обе́д, А́ся вста́ла, сде́лала нам кни́ксен и спроси́ла Га́гина: мо́жно ли е́й пойти́ к фра́у Луи́зе?

---

[42] шали́ть *несов.* = де́йствовать легкомы́сленно-игри́во, как ребёнок

[43] шарф = плато́к|дли́нная полоса́, вя́заная и́ли из тка́ни, к-рую надева́ют на шею

[44] де́лать что-то назло́ = созна́тельно хоте́ть кого-л. серди́ть|оби́деть

[45] прили́чно|по пра́вилам хоро́шего поведе́ния

[46] очеви́дно

[47] благовоспи́танная ба́рышня = де́вушка из хоро́шей семьи́ с хоро́шим образова́нием и воспита́нием

[48] потака́ть кому-л. в чём-л. *несов.* = быть терпели́вым|всё разреша́ть

[49] *деепр.*

[50] бу́дьте снисходи́тельны = б. терпели́вы|уме́йте проща́ть

- **Давно́ ли ты ста́ла спра́шиваться**[51]? - отвеча́л он, - ра́зве тебе́ ску́чно с на́ми?

- Нет, но я вчера́ ещё обеща́ла фра́у Луи́зе побыва́ть у неё; прито́м же я ду́мала, вам бу́дет лу́чше вдвоём: господи́н Н. (она́ указа́ла на меня́) что́-нибудь ещё тебе́ расска́жет.

Она́ ушла́.

- Фра́у Луи́зе, - на́чал Га́гин, - вдова́ бы́вшего зде́шнего бургоми́стра, до́брая, впро́чем **пуста́я**[52] стару́шка. Она́ о́чень полюби́ла А́сю. У А́си страсть знако́миться с людьми́ кру́га ни́зшего; я заме́тил: причи́ной э́тому всегда́ быва́ет го́рдость. Она́ у меня́ дово́льно **избало́вана**[53], как ви́дите, - приба́вил он, - да что прика́жете де́лать? Я ни с кем не уме́ю быть стро́гим, а с не́й и **пода́вно**[54]. Я обя́зан быть снисходи́тельным с не́й.

Я промолча́л. Га́гин промени́л разгово́р. Чем бо́льше я узнава́л его́, тем сильне́е я к нему́ **привя́зывался**[55]. Я ско́ро его́ по́нял. Э́то была́ **пря́мо**[56] ру́сская душа́, правди́вая, че́стная, проста́я, но, к сожале́нию, немно́го **вя́лая**[57], без це́пкости и **вну́треннего жа́ра**[58]. Мо́лодость не **кипе́ла** в нём

---

[51] с каких пор ты начала́ спра́шиваться о чём-л.? спра́шиваться|спроси́ться = попроси́ть разреше́ния

[52] пусто́й = здесь: не о́чень интере́сный|необразо́ванный ч-к

[53] избало́ванный = капри́зный; здесь: я исполня́ю все её жела́ния

[54] тем бо́лее

[55] привя́зываться|привяза́ться = чу́вствовать бли́зость|симпа́тию к кому-л.

[56] действи́тельно

[57] вя́лый = не о́чень энерги́чный ч-к

[58] вну́тренний жар = здесь: эне́ргия

ключо́м[59]; она́ свети́лась ти́хим све́том. Он был о́чень мил и умён, но я не мог себе́ предста́вить, что́ с ним ста́нется, как то́лько он **возмужа́ет**[60]. Быть худо́жником... Без **го́рького**[61], постоя́нного труда́ не быва́ет худо́жников... а труди́ться, ду́мал я, и посмотре́л на его́ мя́гкие черты́ и послу́шал его́ неспе́шную речь, - нет! труди́ться ты не бу́дешь. Но не полюби́ть его́ не́ было возмо́жности: се́рдце так и **влекло́сь**[62] к нему́. Часа́ четы́ре провели́ мы вдвоём, и в э́ти четы́ре часа́ **сошли́сь**[63] оконча́тельно.

Со́лнце се́ло, и мне уже́ пора́ было идти́ домо́й. А́ся всё ещё не возвраща́лась.

- Э́кая она́ у меня́ **во́льница**[64]! - сказа́л Га́гин. - Хоти́те, я пойду́ **провожа́ть**[65] вас? Мы по пути́ зайдём к фра́у Луи́зе; я спрошу́, там ли она́?

Мы спусти́лись в го́род, сверну́ли в у́зкий, криво́й переу́лочек и останови́лись перед до́мом в четы́ре этажа́.

- А́ся! - кри́кнул Га́гин, - ты здесь?

Освещённое око́шко в тре́тьем этаже́ отвори́лось, и мы уви́дели тёмную голо́вку А́си. Из-за неё выгля́дывало беззу́бое и **подслепова́тое**[66] лицо́ ста́рой не́мки.

---

[59] кипе́ть ключо́м = проявля́ть что-л. с си́лой

[60] возмужа́ть *сов.* = стать совсе́м взро́слым

[61] го́рький = тяжёлый; здесь: труд, к-рый тре́бует больши́х уси́лий

[62] вле́чься *несов.* = тяну́ться

[63] сходи́ться|сойти́сь = прибли́зиться|подружи́ться

[64] во́льница = ч-к, к-рый де́лает то, что он хо́чет

[65] провожа́ть|проводи́ть = идти́ вме́сте с кем-л. до како́го-то ме́ста

[66] подслепова́тый = тако́й, к-рый пло́хо ви́дит

- Я здесь, - проговори́ла А́ся, - мне здесь хорошо́. На́ тебе, возьми́, - приба́вила она́ и бро́сила Га́гину ве́тку гера́ниума, - **вообрази́**[67], что я да́ма твоего́ се́рдца.

Фра́у Луи́зе засмея́лась.

- Н. ухо́дит, - возрази́л Га́гин, - он хо́чет с тобо́й прости́ться.

- **Бу́дто**[68]? - сказа́ла А́ся, - в тако́м слу́чае да́й ему́ мою́ ве́тку, а я сейча́с верну́сь.

Она́ закры́ла окно́ и, ка́жется, поцелова́ла фра́у Луи́зе. Га́гин протяну́л мне мо́лча ве́тку. Я мо́лча положи́л её в карма́н, дошёл до перево́за и перебра́лся на другу́ю сто́рону.

По́мнится[69], я шёл домо́й, ни о чём не **размышля́я**[70], но со стра́нной тя́жестью на се́рдце, как вдруг меня́ порази́л си́льный, знако́мый, но в Герма́нии ре́дкий за́пах. Я останови́лся и уви́дел во́зле доро́ги небольшу́ю **гря́дку конопли́**[71]. Её степно́й за́пах мгнове́нно напо́мнил мне ро́дину и **возбуди́л**[72] в душе́ стра́стную тоску́ по не́й. Мне захоте́лось дыша́ть ру́сским во́здухом, ходи́ть по ру́сской земле́. «Что я здесь де́лаю, заче́м **таска́юсь**[73] я в чужо́й стороне́, ме́жду чужи́ми?» - воскли́кнул я, и

---

[67] вообража́ть|вообрази́ть = предста́вить себе́

[68] действи́тельно

[69] я по́мню

[70] *деепр.;* размышля́ть *несов.* = углубля́ться мы́слью во что-л.|ду́мать о чём-л.

[71] гряда́; *уменьш.* гря́дка = небольшо́й уча́сток земли́; конопля́ = расте́ние, из к-рого добыва́ется ма́сло

[72] возбужда́ть|возбуди́ть = вы́звать

[73] таска́ться *несов.* = ходи́ть куда-л. без осо́бо́й це́ли

ме́ртвенная[74] тя́жесть, кото́рую я ощуща́л на се́рдце, **разреши́лась**[75] внеза́пно в го́рькое волне́ние. Я пришёл домо́й совсе́м в друго́м настрое́нии ду́ха, чем накану́не. Я чу́вствовал себя́ почти́ **рассе́рженным**[76] и до́лго не мог успоко́иться. Непоня́тная мне самому́ доса́да овладе́ла мно́й. Наконе́ц, я сел, и, **вспо́мнив**[77] о свое́й **кова́рной**[78] вдове́ (официа́льным воспомина́нием об э́той да́ме зака́нчивался ка́ждый мо́й день), доста́л одну́ из её запи́сок. Но я да́же не откры́л её; мы́сли мои́ то́тчас при́няли ино́е направле́ние. Я на́чал ду́мать... ду́мать об А́се. Мне пришло́ в го́лову, что Га́гин в тече́ние разгово́ра **намекну́л**[79] мне на каки́е-то затрудне́ния, кото́рые **препя́тствуют**[80] его́ возвраще́нию в Росси́ю... «**По́лно**[81], сестра́ ли она́ его́?» - произнёс я гро́мко.

Я разде́лся, лёг и стара́лся засну́ть; но час спустя́ я опя́ть сиде́л в посте́ли и сно́ва ду́мал об э́той «капри́зной де́вочке с **натя́нутым**[82] сме́хом...» «Она́ сложена́, как ма́ленькая **рафаэ́левская Галате́я**[83], - шепта́л я, - «да; и она́ ему́ не сестра́...»

---

[74] ме́ртвенный = безжи́зненный

[75] разреша́ться|разреши́ться = перейти́ во что-л.|здесь: стать чем-л.

[76] *см.* серди́ться|рассерди́ться

[77] *деепр.*

[78] кова́рный; *сущ.* кова́рность *ж.* = злонаме́ренность

[79] намека́ть|намекну́ть = дать поня́ть о чём-л.

[80] препя́тствовать|вос– = не допуска́ть

[81] дово́льно|хва́тит

[82] натя́нутый = здесь: неесте́ственный

[83] она́ похо́жа на; Галате́я = изве́стная скульпту́ра Рафаэ́ля

А запи́ска вдовы́ преспоко́йно лежа́ла на полу́ и **беле́ла**[84] в луча́х луны́.

[84] беле́ть|по– = станови́ться бе́лым

V

На сле́дующее у́тро я опя́ть пошёл в Л. Я уверя́л себя́, что мне хо́чется **повида́ться**[1] с Га́гиным, но вта́йне **меня́ тяну́ло**[2] посмотре́ть, что́ ста́нет де́лать А́ся, так же ли она́ бу́дет «**чуди́ть**[3]», как накану́не. Я **заста́л**[4] обо́их в гости́ной, и, стра́нное де́ло! – оттого́ ли, что я но́чью и у́тром мно́го ду́мал о Росси́и, – А́ся показа́лась мне соверше́нно ру́сской де́вушкой, да, просто́й де́вушкой, чуть не **го́рничной**[5]. На не́й бы́ло ста́ренькое пла́тьице, во́лосы за уша́ми, она́ сиде́ла у окна́ и ши́ла, скро́мно, ти́хо, то́чно она́ **век сво́й**[6] ниче́м други́м не занима́лась. Она́ почти́ ничего́ не говори́ла, споко́йно посма́тривала на свою́ рабо́ту, и черты́ её при́няли тако́е незначи́тельное, **бу́дничное**[7] выраже́ние, что мне нево́льно вспо́мнились на́ши **доморо́щенные**[8] Ка́ти и Ма́ши. Для по́лного схо́дства она́ приняла́сь напева́ть вполго́лоса «Ма́тушку, голубу́шку». Я гляде́л на её желтова́тое, **уга́сшее**[9] ли́чико, вспомина́л о вчера́шних мечта́ниях, и жа́ль мне было чего́-то. Пого́да была́ чуде́сная. Га́гин объяви́л нам, что пойдёт сего́дня рисова́ть этю́д с

---

[1] вида́ться|по– = то же, что ви́деться = встреча́ться

[2] здесь: мне хоте́лось

[3] чуди́ть|у– = здесь: вести́ себя́ стра́нно, как ма́ленький ребёнок

[4] застава́ть|заста́ть = здесь: уви́деть

[5] го́рничная = рабо́тница для убо́рки ко́мнат

[6] всю жизнь

[7] бу́дничный = повседне́вный|обыкнове́нный

[8] доморо́щенный = просто́й; речь идёт о просты́х лю́дях из персона́ла

[9] уга́сший = здесь: без при́знаков жи́зни на лице́

нату́ры; я спроси́л его́, позво́лит ли он мне провожа́ть его́, не помеша́ю ли я ему́?

- Напро́тив, - возрази́л он, - вы мне мо́жете хоро́ший сове́т дать.

Он наде́л кру́глую шля́пу **à la Van Dyck**[10], блу́зу, взял карто́н и отпра́вился; я пошёл вслед за ним. А́ся оста́лась до́ма. Га́гин ещё проси́л её позабо́титься о том, что́бы суп был не сли́шком **жи́док**[11]; А́ся обеща́ла побыва́ть на ку́хне. Га́гин добра́лся до знако́мой уже́ мне доли́ны, присе́л на ка́мень и на́чал рисова́ть. Я лёг на траву́ и доста́л кни́жку; но я и двух страни́ц не прочёл, а он то́лько бума́гу **измара́л**[12]; мы всё бо́льше рассужда́ли и, ско́лько я могу́ суди́ть, дово́льно у́мно и то́нко рассужда́ли о том, ка́к и́менно ну́жно рабо́тать, чего́ сле́дует **избега́ть**[13], чего́ **приде́рживаться**[14] и како́е со́бственно значе́ние худо́жника в наш век. Га́гин, наконе́ц, реши́л, что он «сего́дня **не в уда́ре**[15]», лёг ря́дом со мно́й, и уж тут свобо́дно **потекли́**[16] молоды́е на́ши ре́чи, то горя́чие, то заду́мчивые, то восто́рженные, но почти́ всегда́ нея́сные ре́чи, в кото́рых так охо́тно выража́ет себя́ ру́сский челове́к. С чу́вством **удовлетворе́ния**[17], сло́вно мы что-то сде́лали, успе́ли в чём-то, мы

---

[10] в сти́ле Ван Де́йка *(фр.)*

[11] жи́дкий суп = с., в к-ром сли́шком мно́го воды́

[12] мара́ть|из– = здесь: о́чень неуда́чно нарисова́ть

[13] избега́ть|избежа́ть = здесь: стара́ться не де́лать

[14] приде́рживаться чего-л. *несов.* = сле́довать чему-л.; *см.* держа́ться

[15] быть в уда́ре = быть в состоя́нии наивы́сшего тво́рческого подъёма

[16] потёчь *сов.* = нача́ть течь; *см.* тече́ние

[17] удовлетворе́ние = здесь: удово́льствие

верну́лись домо́й. Я нашёл А́сю то́чно тако́й же, како́й я её оста́вил; ка́к я ни стара́лся наблюда́ть за не́ю – ни тени́ коке́тства, ни при́знака какой-ли́бо театра́льной ро́ли я в не́й не заме́тил; на э́тот раз не́ было возмо́жности упрекну́ть её в неесте́ственности.

К ве́черу она́ не́сколько раз **зевну́ла**[18] и ра́но ушла́ к себе́. Я сам ско́ро прости́лся с Га́гиным и, **возврати́вшись**[19] домо́й, не мечта́л уже́ ни о чём: э́тот день прошёл в **тре́звых**[20] ощуще́ниях. По́мнится, одна́ко, когда́ я уже́ лёг спать, я нево́льно промо́лвил вслух:

- Что за хамелео́н э́та де́вушка! - поду́мал не́много и приба́вил: - А всё-таки она́ ему́ не сестра́.

---

[18] зева́ть|зевну́ть = дыша́ть с широко́ откры́тым ртом при уста́лости

[19] *деепр.*

[20] тре́звый = рассуди́тельный|здесь: без эмо́ционального подъёма

VI

Прошли́ це́лые две неде́ли. Я ка́ждый день посеща́л Га́гиных. А́ся сло́вно избега́ла меня́, но уже́ не позволя́ла себе́ ни одно́й из тех ша́лостей, кото́рые так удиви́ли меня́ в пе́рвые два дня на́шего знако́мства. Она́ каза́лась вта́йне **огорчённой**[1] и́ли **смущённой**[2]; она́ и смея́лась ме́ньше. Я с любопы́тством наблюда́л за не́й.

Она́ дово́льно хорошо́ говори́ла по-францу́зски и по-неме́цки; но по всему́ бы́ло заме́тно, что она́ с де́тства не была́ в же́нских рука́х и воспита́ние получи́ла стра́нное, необы́чное, кото́рое не име́ло ничего́ о́бщего с воспита́нием самого́ Га́гина. Несмотря́ на его́ шля́пу à la Van Dyck и блу́зу, он так и каза́лся мя́гким, **полуизне́женным**[3], великору́сским **дворяни́ном**[4], а она́ не походи́ла на ба́рышню; во всех её движе́ниях бы́ло что́-то неспоко́йное. По приро́де стыдли́вая и ро́бкая, она́ серди́лась на свою́ **засте́нчивость**[5] и со зло́бой стара́лась быть **развя́зной**[6] и сме́лой, что е́й не всегда́ удава́лось. Я не́сколько раз загова́ривал с не́й о её жи́зни в Росси́и, о её проше́дшем: она́ неохо́тно отвеча́ла на мо́и вопро́сы; я узна́л, одна́ко, что до отъе́зда за грани́цу она́ до́лго жила́ в дере́вне. Я заста́л её раз за кни́гой,

---

[1] огорча́ть|огорчи́ть; *сущ.:* огорче́ние = душе́вная боль

[2] смущённый; *сущ.*: смуще́ние = состоя́ние стыда́|засте́нчивости

[3] изне́женный = кра́йне чувстви́тельный

[4] дворяни́н = ч-к из вы́сшего привилегиро́ванного кла́сса

[5] засте́нчивость *ж.* = то же что ро́бость

[6] развя́зный = сли́шком свобо́дный в обраще́нии с други́ми

одну́. **Оперши́сь**[7] голово́й на о́бе руки́ и **запусти́в**[8] па́льцы глубоко́ в во́лосы, она́ **пожира́ла**[9] глаза́ми стро́ки.

- Браво́! - сказа́л я, - как вы **приле́жны**[10]!

Она́ приподняла́ го́лову, ва́жно и стро́го посмотре́ла на меня́.

- Вы ду́маете, я то́лько смея́ться уме́ю, - промо́лвила она́ и хоте́ла уйти́...

Я взгляну́л на загла́вие кни́ги: э́то был како́й-то францу́зский рома́н.

- Одна́ко я ваш вы́бор похвали́ть не могу́, - заме́тил я.

- Что же чита́ть! - воскли́кнула она́, бро́сила кни́гу на сто́л и приба́вила: - Так лу́чше пойду́ дура́читься, - и побежа́ла в сад.

В тот же день, ве́чером, я чита́л Га́гину «Ге́рмана и Доротею». А́ся сперва́ всё то́лько ходи́ла мимо нас, пото́м вдруг останови́лась, прислу́шалась, тихо́нько подсе́ла ко мне́ и прослу́шала чте́ние до конца́. На сле́дующий день я опя́ть не узна́л её, пока́ не догада́лся, что́ е́й вдруг вошло́ в го́лову: быть как Доротея. Сло́вом, она́ явля́лась мне **полузага́дочным**[11] существо́м. Самолюби́вая до кра́йности, она́ привлека́ла меня́, да́же когда́ я серди́лся на неё. В одно́м то́лько я бо́лее и бо́лее убежда́лся, а и́менно в том, что она́ не сестра́ Га́гина. Он обходи́лся с не́й не по-

---

[7] *деепр;* опира́ться|опере́ться = нале́чь| перенести́ часть тя́жести своего́ те́ла на что-л.

[8] *деепр.*

[9] пожира́ть|пожра́ть = здесь: жа́дно чита́ть

[10] приле́жный = стара́тельный|усе́рдный

[11] зага́дочный = таинственный

бра́тски: сли́шком ла́сково, сли́шком снисходи́тельно и в то́ же вре́мя не́сколько неесте́ственно.

Стра́нный слу́чай, по-ви́димому, подтверди́л мои́ **подозре́ния**[12].

Одна́жды ве́чером, когда́ я подходи́л к виногра́днику, где жи́ли Га́гины, я нашёл кали́тку за́пертой. Уже́ пре́жде я заме́тил, что огра́да **обру́шилась**[13] на одно́м ме́сте, и перескочи́л через неё. Недалеко́ от э́того ме́ста, в стороне́ от доро́жки, находи́лась небольша́я бесе́дка из ака́ций; я подходи́л к не́й и уже́ **прошёл бы́ло**[14] ми́мо... вдруг меня́ порази́л го́лос А́си, кото́рая с жа́ром и сквозь слёзы произноси́ла сле́дующие слова́:

- Нет, я никого́ не хочу́ люби́ть, кро́ме тебя́, нет, нет, одного́ тебя́ я хочу́ люби́ть – и навсегда́.

- По́лно, А́ся, успоко́йся, - говори́л Га́гин, - ты зна́ешь, я тебе́ ве́рю.

Голоса́ их слы́шались в бесе́дке. Я увида́л их обо́их сквозь негусты́е **ве́тви**[15]. Они́ меня́ не заме́тили.

- Тебя́, тебя́ одного́, - повтори́ла она́, бро́силась ему́ на ше́ю и с су́дорожными **рыда́ниями**[16] начала́ целова́ть его́ и прижима́ться к его́ груди́.

- По́лно, по́лно, - говори́л он, слегка́ **проводя́**[17] руко́й по её волоса́м.

---

[12] подозре́ние = предположе́ние|сомне́ние

[13] обру́шиться *сов.* = слома́ться|упа́сть вниз

[14] т.е. хоте́л пройти́

[15] ветвь *ж.* = ве́тка

[16] с су́дорожными рыда́ниями; рыда́ть *несов.* = си́льно и шу́мно пла́кать

[17] *деепр.*

Не́сколько мгнове́ний оста́лся я неподви́жным... «Подойти́ к ним?... Ни за что́!» - **сверкну́ло**[18] у меня́ в голове́. Бы́стрыми шага́ми верну́лся я к огра́де, перескочи́л через неё на доро́гу и чуть не бего́м пусти́лся домо́й. Я улыба́лся, удивля́лся слу́чаю, кото́рый внеза́пно подтверди́л мои́ дога́дки (я ни на одно́ мгнове́ние не усомни́лся в их справедли́вости), а между те́м на се́рдце у меня́ бы́ло о́чень го́рько. «Одна́ко, - ду́мал я, - уме́ют же они́ **притворя́ться**[19]! Но к чему́? Что за охо́та меня́ обма́нывать? Не ожида́л я э́того от него́... И что за чувстви́тельное объясне́ние?»

---

[18] сверка́ть|сверкну́ть в голове́ = мысль вдруг пришла́ в го́лову

[19] притворя́ться|притвори́ться = игра́ть какую-л. роль|быть нейскренним

VII

Я спал ду́рно и на друго́е у́тро встал ра́но, взял рюкза́к за спи́ну, объяви́л свое́й хозя́йке, что́бы она́ не ждала́ меня́ к но́чи и отпра́вился пешко́м в го́ры, вверх по тече́нию реки́, на кото́рой лежи́т городо́к З. Э́ти го́ры о́чень любопы́тны в геологи́ческом отноше́нии; но **мне было не́ до**[1] геологи́ческих наблюде́ний. Я не **отдава́л себе́ отчёта в том**[2], что́ во мне происходи́ло; одно́ чу́вство бы́ло мне я́сно: нежела́ние ви́деться с Га́гиными. Я уверя́л себя́, что еди́нственной причи́ной моего́ внеза́пного **нерасположе́ния**[3] к ним была́ доса́да на их **лука́вство**[4]. Кто их **принужда́л**[5] выдава́ть себя́ за ро́дственников? Впро́чем, я стара́лся о них не ду́мать; броди́л по гора́м и доли́нам, заси́живался в деревéнских **харче́внях**[6], ми́рно бесе́довал с хозя́евами и гостя́ми и́ли ложи́лся на тёплый ка́мень и смотре́л, как плы́ли облака́, пого́да была́ удиви́тельная. В таки́х заня́тиях я провёл три дня, и не без удово́льствия, – хотя́ на се́рдце у меня́ **щеми́ло**[7] по времена́м. Настрое́ние мои́х мы́слей **приходи́лось** как раз **под стать**[8] споко́йной приро́де того́ кра́я.

---

[1] мне было не́ до чего-л. = э́то меня́ не заинтересова́ло

[2] отдава́ть|отда́ть себе́ отчёт в чём-л. = понима́ть|поня́ть что-л.

[3] расположе́ние = хоро́шее отноше́ние|симпа́тия к кому-л.

[4] лука́вство = хи́трость

[5] принужда́ть|прину́дить = заста́вить что-л. де́лать

[6] харче́вня *устар.* = деревéнский рестора́нчик с просто́й едо́й

[7] щеми́ть *безл. несов.* = боле́ть|ныть

[8] приходи́ться под стать = здесь: быть похо́жим на что-л.|соотве́тствовать

Я о́тдал себя́ всего́ ти́хой игре́ случа́йности, впечатле́ниям: неторопли́во протека́ли они́ по душе́ и оста́вили в не́й, наконе́ц, одно́ о́бщее чу́вство, в кото́ром слило́сь всё, что я ви́дел, ощути́л, слы́шал в э́ти три дня, – всё: то́нкий за́пах **смолы́**[9] по леса́м, **немо́лчная болтовня́**[10] све́тлых **руче́йков**[11], не сли́шком сме́лые **очерта́ния**[12] гор, чи́стенькие деревéньки с почте́нными ста́рыми церква́ми и деревья́ми, **раду́шные**[13] ли́ца **поселя́н**[14].

Я пришёл домо́й к са́мому концу́ тре́тьего дня. Я забы́л сказа́ть, что с доса́ды на Га́гиных я попыта́лся **воскреси́ть**[15] в себе́ о́браз жестокосе́рдной вдовы́; но мои́ уси́лия оста́лись **тще́тны**[16]. По́мнится, когда́ я на́чал мечта́ть о не́й, я увиде́л перед собо́й крестья́нскую де́вочку лет пяти́, с кру́глым ли́чиком, с неви́нными глазёнками. Она́ так де́тски-простоду́шно смотре́ла на меня́... Мне ста́ло сты́дно её чи́стого взо́ра, я не хоте́л лгать в её прису́тствии и то́тчас же оконча́тельно и навсегда́ попроща́лся с мои́м пре́жним предме́том.

До́ма я нашёл запи́ску от Га́гина. Он удивля́лся неожи́данности моего́ реше́ния, спра́шивал, заче́м я не взял его́ с собо́й, и проси́л прийти́ к ним, как то́лько я верну́сь. Я с неудово́льствием прочёл э́ту запи́ску, но на друго́й же день отпра́вился в Л.

---

[9] смола́ = сок не́которых дере́вьев|расте́ний

[10] немо́лчная болтовня́ = непреры́вная бесе́да; здесь: шум

[11] ручеёк *уменьш.* = небольшо́й во́дный пото́к

[12] очерта́ние = ко́нтур

[13] раду́шный = серде́чный|гото́вый чем-л. услужи́ть

[14] поселя́нин = жи́тель

[15] воскреща́ть|воскреси́ть = восстанови́ть|оживи́ть

[16] тще́тный = бесполе́зный

VIII

Га́гин встре́тил меня́ **по-прия́тельски**[1], с ла́сковыми упрёками; но А́ся, то́чно наро́чно, как то́лько увида́ла меня́, расхохота́лась без вся́кого по́вода и, по свое́й привы́чке, то́тчас убежа́ла. Га́гин пробормота́л е́й вслед, что она́ сумасше́дшая, попроси́л меня́ извини́ть её. Призна́юсь, мне ста́ло о́чень доса́дно на А́сю; уж и бе́з того мне́ было не по себе́, а тут опя́ть э́тот неесте́ственный смех, э́ти стра́нные грима́сы. Я, одна́ко, показа́л вид, бу́дто ничего́ не заме́тил, и сообщи́л Га́гину подро́бности моего́ небольшо́го путеше́ствия. Он рассказа́л мне, что́ де́лал в моё отсу́тствие. Но ре́чи на́ши не **ла́дились**[2]; А́ся входи́ла в ко́мнатку и убега́ла сно́ва; я объяви́л, наконе́ц, что у меня́ есть спе́шная рабо́та и что мне пора́ верну́ться домо́й. Га́гин сперва́ меня́ уде́рживал, пото́м, **посмотре́в**[3] на меня́ **при́стально**[4], предложи́л проводи́ть меня́. В пере́дней А́ся вдруг подошла́ ко мне́ и протяну́ла мне ру́ку; я слегка́ пожа́л её па́льцы и едва́ поклони́лся е́й. Мы вме́сте с Га́гиным перепра́вились через Ре́йн и, наконе́ц, присе́ли на скамью́, что́бы полюбова́ться ви́дом. Замеча́тельный разгово́р произошёл тут между на́ми.

- Скажи́те, - на́чал Га́гин, со свое́й обы́чной улы́бкой, - како́го вы мне́ния об А́се? Не пра́вда ли, она́ должна́ каза́ться вам немно́го стра́нной?

---

[1] прия́тель *м.*= друг

[2] ла́диться *несов.* = удава́ться

[3] *деепр.*

[4] при́стальный = напряжённый|сосредото́ченный

- Да, - отве́тил я не без не́которого **недоуме́ния**[5]. Я не ожида́л, что он заговори́т о не́й.

- Её на́до хороше́нько узна́ть, что́бы о не́й суди́ть, - промо́лвил он, - у неё се́рдце о́чень до́брое, но голова́ **бедо́вая**[6]. Тру́дно с не́й **ла́дить**[7]. Впро́чем, её нельзя́ вини́ть, и е́сли б вы зна́ли её исто́рию...

- Её исто́рию?... - переби́л я, - ра́зве она́ не ва́ша...

Га́гин взгляну́л на меня́.

- Уж не ду́маете ли вы, что она́ не сестра́ мне?.. Нет, - продолжа́л он и не обрати́л внима́ния на моё волне́ние, - она́ то́чно мне сестра́, она́ дочь моего́ отца́. Вы́слушайте меня́. Я чу́вствую к вам дове́рие и расскажу́ вам всё.

Оте́ц мо́й был челове́к весьма́ до́брый, у́мный, образо́ванный – и несчастли́вый. Судьба́ обошла́сь с ним не ху́же, чем со мно́гими други́ми; но он и пе́рвого уда́ра её не вы́нес. Он жени́лся ра́но, по любви́; жена́ его́, моя́ мать, умерла́ о́чень ско́ро: я оста́лся по́сле неё шести́ ме́сяцев. Оте́ц увёз меня́ в дере́вню и це́лые двена́дцать лет не выезжа́л никуда́. Он сам занима́лся мои́м воспита́нием и никогда́ бы со мно́й не расста́лся, е́сли б брат его́, мо́й родно́й дя́дя, не зае́хал к нам в дере́вню. Дя́дя э́тот жил постоя́нно в Петербу́рге и занима́л дово́льно ва́жное ме́сто. Он уговори́л отца́ отда́ть меня́ к нему́ на́ руки, так как оте́ц ни за что не соглаша́лся поки́нуть дере́вню. Дя́дя предста́вил ему́, что ма́льчику мои́х лет вре́дно жить в

---

[5] недоуме́ние = непонима́ние

[6] бедо́вый = сме́лый|к-рый не зна́ет грани́ц|де́рзкий

[7] ла́дить *несов.* = быть в хоро́ших отноше́ниях|быть в согла́сии с кем-л.

совершéнном **уединéнии**[8], что с таки́м вéчно молчали́вым воспитáтелем, какóв был мóй отéц, я непремéнно **отстáну**[9] от мои́х **свéрстников**[10], да и сáмый харáктер мóй легкó мóжет испóртиться. Отéц дóлго проти́вился совéту своегó брáта, однáко уступи́л, наконéц. Когдá я расставáлся с отцóм, я плáкал; я люби́л егó, хотя́ никогдá не видáл улы́бки на лицé егó... но в Петербýрге я скóро позабы́л нáше тёмное и невесёлое гнездó. Я поступи́л в ю́нкерскую шкóлу, а из шкóлы перешёл в гвардéйский полк. Кáждый год приезжáл я в дерéвню на нéсколько недéль и с кáждым гóдом находи́л отцá моегó всё бóлее и бóлее грýстным, **в себя́ углублённым**[11], задýмчивым до рóбости. Он кáждый день ходи́л в цéрковь и почти́ разучи́лся говори́ть. В однó из мои́х посещéний (мне ужé бы́ло лет двáдцать с ли́шком) я в пéрвый раз уви́дел у нас в дóме хýденькую черноглáзую дéвочку лет десяти́ – Áсю. Отéц сказáл, что онá **сиротá**[12] и что он взял её на **прокормлéние**[13] – он и́менно так вы́разился. Я не обрати́л осóбенного внимáния на неё; онá былá дикá, бы́стра и молчали́ва, как зверёк, и как тóлько я входи́л в люби́мую кóмнату моегó отцá, огрóмную и мрáчную кóмнату, где скончáлась моя́ мать и где дáже днём горéли свечки́, онá тóтчас пря́талась за крéсло егó и́ли за шкаф с кни́гами. Случи́лось так, что в слéдующие за тем три, четы́ре гóда обя́занности слýжбы помешáли

---

[8] уединéние = пребывáние в одинóчестве

[9] отставáть|отстáть от кого-|чего-л. = развивáться мéдленнее други́х

[10] свéрстник = ч-к одногó и тогó же с кем-л. вóзраста

[11] в себя́ углублённый = необщи́тельный|молчали́вый

[12] сиротá = ребёнок, у к-рого ýмер оди́н и́ли óба роди́теля

[13] *см.* корми́ть

мне побыва́ть в дере́вне. Я получа́л от отца́ ежеме́сячно по коро́ткому письму́; об А́се он **упомина́л**[14] ре́дко, и то́ ме́жду про́чим. Ему́ бы́ло уже́ за пятьдеся́т лет, но он каза́лся ещё молоды́м челове́ком. Предста́вьте же мо́й у́жас: вдруг я совсе́м неожи́данно получа́ю от **прика́зчика**[15] письмо́, в кото́ром он сообща́ет мне о смерте́льной боле́зни моего́ отца́ и **умоля́ет**[16] прие́хать как мо́жно скоре́е, е́сли хочу́ прости́ться с ним. Я сра́зу же отпра́вился туда́ и заста́л отца́ в живы́х, но уже́ **при после́днем издыха́нии**[17]. Он обра́довался мне чрезвыча́йно, о́бнял мсня́ свои́ми **исхуда́лыми**[18] рука́ми, до́лго погляде́л мне в глаза́ каки́м-то не то **испыту́ющим**[19], не то **умоля́ющим** взо́ром, взял с меня́ сло́во, что я испо́лню его́ после́днюю про́сьбу, и веле́л своему́ ста́рому камерди́неру привести́ А́сю. Стари́к привёл её: она́ едва́ держа́лась на нога́х и дрожа́ла всем те́лом.

- Вот, - сказа́л мне с уси́лием оте́ц, - **завеща́ю**[20] тебе́ мою́ дочь – твою́ сестру́. Ты всё узна́ешь от Я́кова, - приба́вил он и указа́л на камерди́нера.

А́ся зарыда́ла и упа́ла лицо́м на крова́ть... Полчаса́ спустя́ мо́й оте́ц сконча́лся.

Вот что я узна́л. А́ся была́ дочь моего́ отца́ и бы́вшей го́рничной мое́й ма́тери, Татья́ны. Жи́во

---

[14] упомина́ть|упомяну́ть = каса́ться кого-|чего-л. в ре́чи

[15] прика́зчик = тот, кто управля́ет име́нием

[16] умоля́ть|умоли́ть = проси́ть; умоля́ющий = такой, к-рый выража́ет о́чень большу́ю про́сьбу

[17] при́ смерти

[18] исхуда́лый = о́чень худо́й

[19] испыту́ющий = о́чень внима́тельный

[20] завеща́ть *несов., сов.* = переда́ть|поручи́ть в предсме́ртной во́ле

по́мню я э́ту Татья́ну, по́мню её высо́кую стро́йную фигу́ру, её **благообра́зное**[21], стро́гое, у́мное лицо́, с больши́ми тёмными глаза́ми. Она́ показа́лась де́вушкой го́рдой и **непристу́пной**[22]. Ско́лько я мог поня́ть от Я́кова, оте́ц мо́й сошёлся с не́й не́сколько лет спустя́ по́сле сме́рти ма́тушки. Татья́на уже́ не жила́ тогда́ в госпо́дском до́ме, а в избе́ у за́мужней сестры́ свое́й, **ско́тницы**[23]. Оте́ц мо́й си́льно к не́й привяза́лся и по́сле моего́ отъе́зда из дере́вни хоте́л да́же жени́ться на не́й, но она́ сама́ не согласи́лась быть его́ жено́й, несмотря́ на его́ про́сьбы.

- Поко́йница Татья́на Васи́льевна, - так сообщи́л мне Я́ков, - во всём **бы́ли рассуди́тельны**[24] и не захоте́ли ба́тюшку ва́шего оби́деть. Что, мол, я вам за жена́? кака́я я ба́рыня? так они́ при мне́ говори́ли-с.

Татья́на да́же не хоте́ла пересели́ться к нам в дом и продолжа́ла жить у свое́й сестры́, вме́сте с А́сей. В де́тстве я ви́дывал Татья́ну то́лько по пра́здникам, в це́ркви. В тёмном пла́тке, с жёлтой ша́лью на плеча́х, она́ стоя́ла в толпе́, во́зле окна́, - её стро́гий про́филь я́сно вырисо́вывался на **прозра́чном**[25] стекле́, – и

---

[21] благообра́зный = прия́тный по ви́ду

[22] непристу́пный = тако́й, к к-рому невозмо́жно прибли́зиться

[23] ско́тник = ч-к, к-рый уха́живает за дома́шними живо́тными

[24] *ста́рая, почти́тельная фо́рма выраже́ния в тре́тьем лице́ мн. числа́*
рассуди́тельный ч-к = тот, кто хорошо́ обду́мывает свои́ реше́ния

[25] прозра́чный = тако́й, к-рый пропуска́ет сквозь себя́ свет

ва́жно моли́лась. Когда́ дя́дя увёз меня́, А́се бы́ло всего́ два го́да, а на девя́том году́ она́ **лиши́лась**[26] ма́тери.

Как то́лько Татья́на умерла́, оте́ц взял А́сю к себе́ в дом. Он и пре́жде жела́л име́ть её при себе́, но Татья́на ему́ и в э́том отказа́ла. Предста́вьте же себе́, что должно́ бы́ло произойти́ в А́се, когда́ её взя́ли к ба́рину. Она́ до сих пор не мо́жет забы́ть ту мину́ту, когда́ е́й в пе́рвый раз наде́ли шёлковое пла́тье и поцелова́ли у неё ру́чку. Мать, пока́ была́ жива́, держа́ла её о́чень стро́го; у отца́ она́ по́льзовалась соверше́нной свобо́дой. Он был её учи́телем; кро́ме него́, она́ никого́ не ви́дела. Он не **балова́л**[27] её; но он люби́л её стра́стно и никогда́ ничего́ е́й не запреща́л: он в душе́ счита́л себя́ перед не́й винова́тым. А́ся ско́ро поняла́, что она́ гла́вное лицо́ в до́ме, она́ зна́ла, что ба́рин её оте́ц; но она́ так же ско́ро поняла́ своё **ло́жное**[28] положе́ние; самолю́бие развило́сь в не́й си́льно, **недове́рчивость**[29] то́же; простота́ исче́зла. Она́ хоте́ла (она́ сама́ мне раз призна́лась в э́том) заста́вить *це́лый мир* забы́ть её **происхожде́ние**[30]; она́ и стыди́лась свое́й ма́тери, и стыди́лась своего́ стыда́, и горди́лась е́ю. Вы ви́дите, что она́ мно́гое зна́ла и зна́ет, чего́ не должно́ бы знать в её го́ды... Но ра́зве она́ винова́та? Молоды́е си́лы **разы́грывались**[31] в не́й,

---

[26] лиша́ться|лиши́ться кого-|чего-л. = потеря́ть

[27] балова́ть|из– = относи́ться к кому-л. с изли́шним внима́нием|всё разреша́ть

[28] ло́жный = оши́бочный|неесте́ственный

[29] недове́рчивость *ж.* = чу́вство сомне́ния

[30] происхожде́ние = принадле́жность по рожде́нию к како́й-л. на́ции|кла́ссу

[31] разы́грываться|разыгра́ться = проявля́ться с си́лой

кровь **кипе́ла**[32], а вблизи́ ни одно́й руки́, кото́рая бы её напра́вила. По́лная незави́симость во всём! да ра́зве легко́ её вы́нести? Она́ хоте́ла быть не ху́же други́х ба́рышень; она́ бро́силась на кни́ги. Что тут могло́ вы́йти **пу́тного**[33]? Непра́вильно **на́чатая**[34] жизнь продолжа́лась непра́вильно, но се́рдце в не́й не испо́ртилось, ум уцеле́л.

И вот я, двадцатиле́тний ма́лый, **очути́лся**[35] с тринадцатиле́тней де́вочкой на рука́х! В пе́рвые дни по́сле сме́рти отца́, при одно́м зву́ке моего́ го́лоса, её била́ **лихора́дка**[36], ла́ски мои́ приводи́ли её в тоску́, и то́лько понемно́гу привы́кла она́ ко мне́. Пра́вда, пото́м, когда́ она́ убеди́лась, что я то́чно признаю́ её за сестру́ и полюби́л её, как сестру́, она́ стра́стно ко мне́ привяза́лась: у неё ни одно́ чу́вство не быва́ет вполови́ну.

Я привёз её в Петербу́рг. Ка́к мне ни бо́льно было с не́й расста́ться, жить с не́й вме́сте я ника́к не мог; я помести́л её в оди́н из лу́чших **пансио́нов**[37]. А́ся поняла́ необходи́мость на́шей разлу́ки, но начала́ с того́, что заболе́ла и чуть не умерла́. Пото́м она́ привы́кла и вы́жила в пансио́не четы́ре го́да; но, про́тив мои́х ожида́ний, оста́лась почти́ тако́й же, како́й была́ пре́жде. Нача́льница пансио́на ча́сто жа́ловалась мне на неё. «И наказа́ть её нельзя́, - гова́ривала она́ мне, - и на ла́ску она́ не подаётся». А́ся была́ чрезвыча́йно поня́тлива, учи́лась прекра́сно,

---

[32] кипе́ть|вс– = проявля́ться в си́льной сте́пени

[33] пу́тный = здесь: го́дный|хоро́ший

[34] на́чатый = к-рый начался́

[35] очути́ться *сов.* = вдруг оказа́ться в каком-л. положе́нии

[36] лихора́дка = боле́зненное состоя́ние

[37] пансио́н = закры́тое уче́бное заведе́ние|пансиона́т

лу́чше всех; но ника́к не хоте́ла подойти́ под о́бщий у́ровень, сопротивля́лась, гляде́ла **бу́кой**...[38] Из всех свои́х подру́г она́ сошла́сь то́лько с одно́й, некраси́вой и бе́дной де́вушкой. Остальны́е ба́рышни, с кото́рыми она́ воспи́тывалась, бо́льшей ча́стью из хоро́ших фами́лий, не люби́ли её, **язви́ли** её и **коло́ли**[39], как то́лько могли́; А́ся им **на воло́с**[40] не уступа́ла. Сло́вом, она́ продолжа́ла идти́ свое́й доро́гой; то́лько мане́ры её ста́ли лу́чше, хотя́ и в э́том отноше́нии она́, ка́жется, не мно́го успе́ла.

Наконе́ц, **е́й ми́нуло**[41] семна́дцать лет; остава́ться е́й до́лее в пансио́не бы́ло невозмо́жно. Я находи́лся в дово́льно большо́м затрудне́нии. Вдруг мне пришла́ бла́гая мысль: **вы́йти в отста́вку**[42], пое́хать за грани́цу на год и́ли на два и взять А́сю с собо́й. Заду́мали – сде́лали; и вот мы с не́й на берега́х Ре́йна, где я стара́юсь занима́ться жи́вописью, а она́... **ша́лит и чу́дит**[43] по-пре́жнему. Но тепе́рь я наде́юсь, что вы не ста́нете суди́ть её сли́шком стро́го; и хотя́ она́ притворя́ется, что **е́й** всё **нипочём**[44], - мне́нием ка́ждого доро́жит, ва́шим же в осо́бенности.

И Га́гин опя́ть улыбну́лся свое́й ти́хой улы́бкой. Я кре́пко пожа́л ему́ ру́ку.

---

[38] бу́ка = ди́кое существо́, к-рое пуга́ет дете́й

[39] язви́ть|сь– = причиня́ть боль|говори́ть насме́шливо, зло; коло́ть|кольну́ть = каса́ться чем-л. о́стрым; здесь: де́лать замеча́ния язви́тельно

[40] ниско́лько

[41] ми́нуть *сов.* кому́ = испо́лниться (о во́зрасте)

[42] вы́йти в отста́вку = увольне́ние от вое́нной слу́жбы

[43] шали́ть *несов.* = своево́льничать; чуди́ть|у– = вести́ себя́ чудно́

[44] нипочём = нева́жно

- Всё так, - заговори́л опя́ть Га́гин, - но с не́й мне беда́. До сих пор е́й никто́ не нра́вился, но беда́, е́сли она́ кого́ полю́бит! Я иногда́ не зна́ю, как с не́й быть. Неда́вно она́ что вздýмала: начала́ вдруг уверя́ть меня́, что я к не́й стал холодне́е пре́жнего и что она́ одного́ меня́ лю́бит и век бу́дет меня́ одного́ люби́ть... И при э́том так распла́калась...

- А скажи́те-ка мне, - спроси́л я Га́гина: де́ло ме́жду на́ми пошло́ на открове́нность, - неуже́ли в са́мом де́ле е́й до сих пор никто́ не нра́вился? В Петербу́рге она́ ви́дела же молоды́х люде́й?

- Они́-то е́й и не нра́вились во́все. Нет, А́се ну́жен геро́й, необыкнове́нный челове́к – и́ли **живопи́сный па́стух в го́рном уще́лье**[45]. А впро́чем, я **заболта́лся**[46] с ва́ми, задержа́л вас, - приба́вил он и встал.

- Послу́шайте, - на́чал я, - пойдёмте к вам, мне домо́й не хо́чется.

- А рабо́та ва́ша?

Я ничего́ не отвеча́л; Га́гин доброду́шно улыбну́лся, и мы верну́лись в Л. Когда́ я уви́дел знако́мый виногра́дник и бе́лый до́мик на верху́ горы́, я почу́вствовал каку́ю-то сла́дость – и́менно сла́дость на се́рдце. Мне ста́ло легко́ по́сле га́гинского расска́за.

---

[45] романти́ческий, бли́зкий приро́де ч-к

[46] болта́ть *несов.*= говори́ть (мно́го, бы́стро, о чём-л. незначи́тельном и́ли о чём не сле́дует)

IX

А́ся встре́тила нас на са́мом поро́ге до́ма; я сно́ва ожида́л сме́ха; но она́ вы́шла к нам вся бле́дная и молчали́вая.

- Вот он опя́ть, - заговори́л Га́гин, - и заме́ть, сам захоте́л верну́ться.

А́ся вопроси́тельно посмотре́ла на меня́. Я в свою́ о́чередь протяну́л е́й ру́ку и на э́тот раз кре́пко пожа́л её холо́дные па́льчики. Мне ста́ло о́чень жаль её; тепе́рь я мно́гое понима́л в не́й, что пре́жде **сбива́ло меня́ с то́лку**[1]: её вну́треннее беспоко́йство, неуме́ние держа́ть себя́, жела́ние **порисова́ться**[2] - всё мне ста́ло я́сно. Я загляну́л в э́ту ду́шу: та́йный **гнёт**[3] му́чил её постоя́нно, трево́жно **пу́талось**[4] и би́лось нео́пытное самолю́бие, но всё существо́ её стреми́лось к пра́вде. Я по́нял, почему́ э́та стра́нная де́вочка меня́ привлека́ла; не одно́й то́лько полуди́кой **пре́лестью**[5] её то́нкого те́ла привлека́ла она́ меня́: её душа́ мне нра́вилась.

Га́гин на́чал занима́ться свои́ми рису́нками; я предложи́л А́се погуля́ть со мно́й по виногра́днику. Она́ то́тчас согласи́лась. Мы спусти́лись до полови́ны горы́ и присе́ли на широ́кую **плиту́**[6].

---

[1] сбива́ть|сбить кого-л. с то́лку = меша́ть хо́ду мы́сли|меша́ть понима́нию

[2] рисова́ться *несов.* = вести́ себя́ неесте́ственно|стара́ться показа́ть себя́ с позити́вной стороны́

[3] гнёт = тя́жесть|муче́ние|давле́ние

[4] пу́таться|за– |пере– = приходи́ть в беспоря́док

[5] пре́лесть *ж.* = красота́

[6] плита́ = пло́ский прямоуго́льный кусо́к чего-л.; напр. плита́ ка́мня|мра́мора

- И вам не скýчно бы́ло без нас? - началá Áся.

- А вам без меня́ было скýчно? - спроси́л я.

Áся взглянýла на меня́ сбóку.

- Да, - отвечáла онá. - Хорошó в горáх? - продолжáла онá тóтчас, - они́ высоки́? Расскажи́те мне, что вы ви́дели. Вы расскáзывали брáту, но я ничегó не слыхáла.

- **Вольнó**[7] же вам бы́ло уходи́ть, - замéтил я.

- Я уходи́ла... потомý что... Я тепéрь вот не уйдý, - прибáвила онá с довéрчивой лáской в гóлосе, - вы сегóдня бы́ли серди́ты.

- Я?

- Вы.

- Отчегó же, **поми́луйте**[8]...

- Не знáю, но вы бы́ли серди́ты и ушли́ серди́тыми. Мнé было óчень досáдно, что вы так ушли́, и я рáда, что вы вернýлись.

- И я рад, что вернýлся, - промóлвил я.

Áся **повелá**[9] плечáми, как э́то чáсто дéлают дéти, когдá им хорошó.

- О, я умéю **отгáдывать**[10]! - продолжáла онá, - бывáло, я по одномý папáшину кáшлю из другóй кóмнаты узнавáла, довóлен ли он мнóй, и́ли нет.

До э́того дня Áся ни разу не говори́ла мне о своём отцé. Меня́ э́то порази́ло.

---

[7] говори́тся томý, кто сам винoвáт в своём неудáчном дéйствии

[8] выражéние несоглáсия|возражéния

[9] поводи́ть|повести́ чем-л. = дви́гать|дви́нуть

[10] отгáдывать|отгадáть = узнáть|раскры́ть что-л. неясное, тáйное

- Вы люби́ли ва́шего ба́тюшку? - проговори́л я и вдруг, к вели́кой моéй доса́де, почу́вствовал, что краснéю.

Она́ ничего́ не отвеча́ла и покраснéла то́же. Мы о́ба замо́лкли. Вдали́ по Рéйну плыл парохо́д. Мы приняли́сь глядéть на него́.

- Что же вы не расска́зываете? - прошепта́ла А́ся.

- Отчего́ вы сего́дня рассмея́лись, как то́лько уви́дели меня́? - спроси́л я.

- Сама́ не зна́ю. Иногда́ мне хо́чется пла́кать, а я смею́сь. Вы не должны́ суди́ть меня́... по тому́, что я дéлаю. Ах, кста́ти, что э́то за ска́зка о Лорелéе? Ведь э́то её скала́ **виднéется**[11]? Говоря́т, она́ прéжде всех **топи́ла**[12], а как полюби́ла, сама́ бро́силась в во́ду. Мне нра́вится э́та ска́зка. Фра́у Луи́зе мне вся́кие ска́зки расска́зывает. У фра́у Луи́зе есть чёрный кот с жёлтыми глаза́ми...

А́ся подняла́ го́лову.

- Ах, мне хорошо́, - проговори́ла она́.

В э́то мгновéние долетéли до нас **отры́вочные**[13], однообра́зные зву́ки. Со́тни голосо́в ра́зом повторя́ли **моли́твенный напéв**[14]: толпа́ богомо́льцев шла внизу́ по доро́ге с креста́ми.

- Вот бы пойти́ с ни́ми, - сказа́ла А́ся.

- Ра́зве вы так **на́божны**[15]?

---

[11] виднéться *несов.* = быть ви́дным

[12] топи́ть|по– и у– кого-л. = дéлать так, что́бы кто-л.утону́л

[13] отры́вочный = с па́узами

[14] моли́ться|по– = обраща́ться к Бо́гу с моли́твой; напéв = мело́дия

[15] на́божный = тот, кто соблюда́ет религио́зные ритуа́лы

- Пойти́ куда́-нибудь далеко́, на моли́тву, на тру́дный по́двиг, - продолжа́ла она́. - А то́ дни ухо́дят, жизнь уйдёт, а что мы сде́лали?

- Вы **честолюби́вы**[16], - заме́тил я, - вы хоти́те прожи́ть не да́ром, след за собо́й оста́вить...

- А ра́зве э́то невозмо́жно?

«Невозмо́жно», - чуть не повтори́л я... Но я взгляну́л в её све́тлые глаза́ и то́лько промо́лвил:

- Попыта́йтесь.

- Скажи́те, - заговори́ла А́ся по́сле небольшо́го молча́ния, в тече́ние кото́рого каки́е-то те́ни пробежа́ли у неё по лицу́, - вам о́чень нра́вилась та да́ма... Вы по́мните, брат пил за её здоро́вье, на второ́й день на́шего знако́мства?

Я засмея́лся.

- Ваш брат шути́л; мне ни одна́ да́ма не нра́вилась; по кра́йней ме́ре тепе́рь ни одна́ не нра́вится.

- А что вам нра́вится в же́нщинах? - спроси́ла А́ся с неви́нным любопы́тством.

- Како́й стра́нный вопро́с! - воскли́кнул я.

А́ся слегка́ смути́лась.

- Я не должна́ была́ сде́лать вам тако́й вопро́с, не пра́вда ли? Извини́те меня́, я привы́кла говори́ть всё, что мне в го́лову вхо́дит. И́менно по́этому я и бою́сь говори́ть.

- Говори́те ради бо́га, не бо́йтесь, - **подхвати́л**[17] я, - я так рад, что вы, наконе́ц, перестаёте дичи́ться.

---

[16] честолюби́вый; *сущ.*: честолю́бие = стремле́ние к изве́стности, сла́ве

[17] подхва́тывать|подхвати́ть = продо́лжить те́му разгово́ра

Ася засмея́лась ти́хим и лёгким сме́хом; я не знал за не́й тако́го сме́ха.

- Ну, расска́зывайте же, - продолжа́ла она́, - расска́зывайте и́ли прочти́те что́-нибудь, как, по́мните, вы нам чита́ли из «Оне́гина».

Она́ вдруг заду́малась...

Где ны́нче крест и тень ветве́й
Над бе́дной ма́терью мое́й!

- проговори́ла она́ вполго́лоса.

- У Пу́шкина не так, - заме́тил я.

- А я хоте́ла бы быть Татья́ной, - продолжа́ла она́ всё так же заду́мчиво. - Расска́зывайте, - подхвати́ла она́ с жи́востью.

Но мне́ было не́ до расска́зов. Я гляде́л на неё, всю́ под я́сным со́лнечным лучо́м, всю **успоко́енную** и **кро́ткую**[18]. Всё ра́достно сия́ло вокру́г нас, внизу́, над на́ми – не́бо, земля́ и во́ды; са́мый во́здух, каза́лось, был по́лон бле́ска.

- Посмотри́те, как хорошо́! - сказа́л я вполго́лоса.

- Да, хорошо́! - так же ти́хо отвеча́ла она́. - Е́сли б мы с ва́ми бы́ли пти́цы, - как бы мы закружи́лись, как бы полете́ли... Так бы и утону́ли в э́той синеве́... Но мы не пти́цы.

- А **кры́лья**[19] мо́гут у нас вы́расти, - возрази́л я.

- Как так?

---

[18] успоко́енный = тот, к-рый стал споко́йным; кро́ткий = сми́рный|доброду́шный

[19] крыло́, *мн.ч.:* кры́лья = о́рган птиц для передвиже́ния|движе́ния по во́здуху|для полёта

- Поживи́те – узна́ете. Есть чу́вства, кото́рые поднима́ют нас от земли́. Не беспоко́йтесь, у вас бу́дут кры́лья.

- А у вас бы́ли?

- Как вам сказа́ть... Ка́жется, до сих пор я ещё не лета́л.

А́ся опя́ть заду́малась. Я слегка́ **наклони́лся**[20] к не́й.

- Уме́ете вы вальси́ровать? - спроси́ла она́ вдруг.

- Уме́ю, - отвеча́л я, не́сколько **озада́ченный**[21].

- Так пойдёмте, пойдёмте... Я попрошу́ бра́та сыгра́ть нам вальс... Мы предста́вим себе́, что мы лета́ем, что у нас вы́росли кры́лья.

Она́ побежа́ла к до́му. Я побежа́л вслед за не́й – и не́сколько мгнове́ний спустя́ мы кружи́лись в те́сной ко́мнате, под сла́дкие зву́ки Ланне́ра. А́ся вальси́ровала прекра́сно, с **увлече́нием**[22]. Что́-то мя́гкое, же́нское вы́ступило вдруг на её деви́чески-стро́гом лице́. До́лго пото́м рука́ моя́ чу́вствовала **прикоснове́ние**[23] её не́жной фигу́ры, до́лго слы́шалось мне её бли́зкое дыха́ние, до́лго мне представля́лись тёмные, непо-дви́жные, почти́ закры́тые глаза́ на бле́дном, но оживлённом лице́.

---

[20] наклоня́ться|наклони́ться = ве́рхней ча́стью те́ла прибли́зиться к кому-|чему-л.

[21] с удивле́нием

[22] увлече́ние = большо́е удово́льствие|ра́дость

[23] прикаса́ться|прикосну́ться = каса́ться кого-|чего-л.

X

Весь э́тот день прошёл как нельзя́ лу́чше. Мы весели́лись, как де́ти. А́ся была́ о́чень мила́ и проста́. Я ушёл по́здно. Когда́ мы въе́хали на середи́ну Ре́йна, я попроси́л перево́зчика пусти́ть ло́дку вниз по тече́нию. Стари́к по́днял **вёсла**[1] – и ца́рственная река́ понесла́ нас. Я смотре́л круго́м, слу́шал, вспомина́л и вдруг почу́вствовал та́йное беспоко́йство на се́рдце... по́днял глаза́ к не́бу – но и в не́бе не́ было поко́я: покры́тое звёздами, оно́ всё **шевели́лось**[2], дви́галось, **содрога́лось**[3]; я склони́лся к реке́... но и там, и в э́той тёмной глубине́, то́же дрожа́ли звёзды; тревожно́е оживле́ние мне **чу́дилось**[4] повсю́ду – и трево́га росла́ во мне́ само́м. Шёпот ве́тра в мои́х уша́х, ти́хий шум воды́ меня́ раздража́ли, и све́жее дыха́ние волны́ **не охлажда́ло**[5] меня́; солове́й запе́л на берегу́ и **зарази́л** меня́ сла́дким **я́дом**[6] свои́х зву́ков. Слёзы вы́ступили у меня́ на глаза́х, но то не́ были слёзы беспредме́тного восто́рга. Что я чу́вствовал, бы́ло не то сму́тное, неда́вно испы́танное

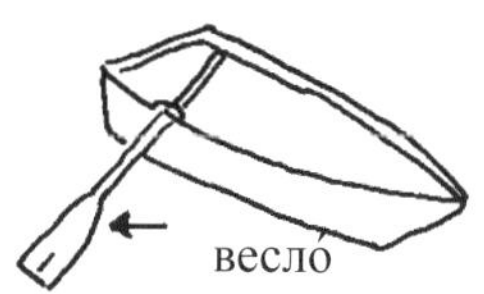

---

[1] весло́; *мн. ч.*: вёсла

[2] шевели́ться|по– = слегка́ дви́гаться

[3] содрога́ться|содрогну́ться = задрожа́ть *см.* дрожа́ть

[4] чу́диться|по– и при– = каза́ться

[5] охлажда́ть|охлади́ть = де́лать холодне́е; т.е. я оста́лся в трево́жном состоя́нии

[6] заража́ть|зарази́ть = переда́ть боле́знь микро́бами; зарази́ть я́дом = здесь: заму́чить и изму́чить

ощуще́ние **всеобъе́млющих**[7] жела́ний, когда́ душа́ ши́рится, зву́чит, когда́ е́й ка́жется, что она́ всё понима́ет и всё лю́бит... Нет! во мне загоре́лась жа́жда сча́стья. Я ещё не смел назва́ть его́ по и́мени, – но сча́стья, по́лного сча́стья – вот чего́ хоте́л я, вот чем му́чился... А ло́дка всё несла́сь, и стари́к перево́зчик сиде́л и **дрема́л**[8] над вёслами.

---

[7] всеобъе́млющий = такой, к-рый охва́тывает всё и всех

[8] дрема́ть *несов.*; дремо́та = полусо́н

XI

По пути́ к Га́гиным на сле́дующий день, я не спра́шивал себя́, влюблён ли я в А́сю, но я мно́го размышля́л о не́й, её судьба́ меня́ занима́ла, я ра́довался неожи́данному на́шему сближе́нию. Я чу́вствовал, что то́лько с вчера́шнего дня я узна́л её; до тех пор она́ отвора́чивалась от меня́. И вот, когда́ она́ раскры́лась, наконе́ц, передо мно́й, каки́м прекра́сным све́том **озари́лся**[1] её о́браз, как он был нов для меня́, каки́е та́йные **обая́ния**[2] стыдли́во в нём видне́лись...

Бо́дро шёл я по знако́мой доро́ге; я не то́лько о бу́дущем – я о за́втрашнем дне не ду́мал; мне́ было о́чень хорошо́.

А́ся покрасне́ла, когда́ я вошёл в ко́мнату; я заме́тил, что она́ опя́ть **принаряди́лась**[3], но выраже́ние её лица́ не шло к её наря́ду: оно́ бы́ло печа́льно. А я пришёл таки́м весёлым! Мне показа́лось да́же, что она́, по обыкнове́нию своему́, собрала́сь бежа́ть, но сде́лала уси́лие над собо́й – и оста́лась. Га́гин находи́лся в том осо́бенном состоя́нии худо́жнического подъёма, кото́рое внеза́пно овладева́ет дилета́нтами, когда́ они́ вообразя́т, что им удало́сь, как они́ выража́ются, «пойма́ть приро́ду за хвост». Он стоя́л, весь покры́тый кра́сками, перед **холсто́м**[4], почти́ **свире́по**[5] кивну́л мне голово́й, отодви́нулся, прищу́рил

---

[1] озаря́ться|озари́ться = я́рко освети́ться

[2] обая́ние = си́ла красоты́

[3] принаряжа́ться|принаряди́ться = краси́во оде́ться; *сущ.* наря́д

[4] холст = осо́бый материа́л, на кото́ром рису́ют карти́ны

[5] ди́ко

глаза́ и сно́ва бро́сился на свою́ карти́ну. Я не стал меша́ть ему́ и подсе́л к А́се. Ме́дленно обрати́лись ко мне́ её тёмные глаза́.

- Вы сего́дня не така́я, как вчера́, - заме́тил я по́сле не́которых уси́лий вы́звать улы́бку на её гу́бы.

- Нет, не така́я, - возрази́ла она́ глухи́м го́лосом. - Но э́то ничего́. Я нехорошо́ спала́, всю ночь ду́мала.

- О чём?

- Ах, я о мно́гом ду́мала. Э́то у меня́ привы́чка с де́тства: ещё с того́ вре́мени, когда́ я жила́ с ма́тушкой...

Она́ с уси́лием вы́говорила э́то сло́во и пото́м ещё раз повтори́ла:

- Когда́ я жила́ с ма́тушкой... я ду́мала, отчего́ э́то никто́ не мо́жет знать, что с ним бу́дет; а иногда́ и ви́дишь беду́ – да спасти́сь нельзя́; и отчего́ никогда́ нельзя́ сказа́ть все́й пра́вды?.. Пото́м я ду́мала, что я ничего́ не зна́ю, что мне **на́добно**[6] учи́ться. Меня́ **перевоспита́ть**[7] надо, я о́чень пло́хо воспи́тана. Я не уме́ю игра́ть на фортепья́но, не уме́ю рисова́ть. У меня́ нет никаки́х спосо́бностей, со мно́й, должно́ быть, о́чень ску́чно.

- Вы несправедли́вы к себе́, - возрази́л я. - Вы мно́го чита́ли, вы образо́ваны, и с ва́шим умо́м...

- А я умна́? - спроси́ла она́ с тако́й наи́вной **любозна́тельностью**[8], что я нево́льно засмея́лся; но

---

[6] мне на́добно = мне ну́жно

[7] перевоспи́тывать|перевоспита́ть = воспита́ть по-но́вому

[8] любозна́тельный ч-к = тот, к-рому интере́сно получи́ть бо́льше но́вых зна́ний

она́ да́же не улыбну́лась. - Брат, я умна́? - спроси́ла она́ Га́гина.

Он ничего́ не отвеча́л е́й и продолжа́л труди́ться.

- Я сама́ не зна́ю иногда́, что́ у меня́ в голове́, - продолжа́ла А́ся с тем же заду́мчивым ви́дом. - Я иногда́ само́й себя́ бою́сь, е́й-бо́гу. Ах, я хоте́ла бы... Пра́вда ли, что же́нщинам не сле́дует чита́ть мно́го?

- Мно́го не ну́жно, но...

- Скажи́те мне, что́ я должна́ чита́ть? скажи́те, что я должна́ де́лать? Я всё бу́ду де́лать, что вы мне ска́жете, - приба́вила она́ с неви́нной дове́рчивостью.

Я не то́тчас нашёл, что́ сказа́ть е́й.

- Ведь вам не бу́дет ску́чно со мно́й?

- Поми́луйте, - на́чал я.

- Ну, спаси́бо! - возрази́ла А́ся, - а я ду́мала, что вам ску́чно бу́дет.

И её ма́ленькая горя́чая ру́чка кре́пко сжа́ла мою́.

- Н.! - вскри́кнул в э́то мгнове́ние Га́гин, - не тёмен э́тот фон?

Я подошёл к нему́. А́ся вста́ла и ушла́.

XII

Она́ верну́лась через ча́с, останови́лась в дверя́х и подозвала́ меня́ руко́й.

- Послу́шайте, - сказа́ла она́, - е́сли б я умерла́, вам бы́ло бы жаль меня́?

- Что у вас за мы́сли сего́дня! - воскли́кнул я.

- Я вообража́ю, что я ско́ро умру́; мне иногда́ ка́жется, что всё вокруг меня́ со мно́й проща́ется. Умере́ть лу́чше, чем жить так... Ах! не гляди́те так на меня́; я, пра́во, не притворя́юсь. А то я вас опя́ть боя́ться бу́ду.

- Ра́зве вы меня́ боя́лись?

- Е́сли я така́я стра́нная, я, пра́во, не винова́та, - возрази́ла она́. - Ви́дите, я уж и смея́ться не могу́...

Она́ остала́сь печа́льной и **озабо́ченной**[1] до са́мого ве́чера. Что́-то происходи́ло в не́й, чего́ я не понима́л. Её взор ча́сто остана́вливался на мне; се́рдце моё ти́хо **сжима́лось**[2] под э́тим **зага́дочным**[3] взо́ром. Она́ каза́лась споко́йной – а мне всё хоте́лось сказа́ть е́й, что́бы она́ не волнова́лась. Я любова́лся е́й, я находи́л тро́гательную пре́лесть в её бле́дных черта́х, в её нереши́тельных, заме́дленных движе́ниях – а е́й почему́-то вообража́лось, что я не в ду́хе.

- Послу́шайте, - сказа́ла она́ мне незадо́лго до проща́ния, - меня́ му́чит мысль, что вы меня́ счита́ете легкомы́сленной... Вы вперёд всегда́ ве́рьте тому́, что я вам говори́ть бу́ду, то́лько и вы бу́дьте со мно́й

---

[1] быть озабо́ченным = чу́вствовать беспоко́йство, забо́ту

[2] сжима́ться|сжа́ться; се́рдце сжа́лось = *перен.:* об ощуще́нии тоски́|стра́ха

[3] зага́дочный = непоня́тный|многозначи́тельный

открове́нны: а я вам всегда́ бу́ду говори́ть пра́вду, даю́ вам че́стное сло́во...

Э́то «че́стное сло́во» опя́ть заста́вило меня́ засмея́ться.

- Ах, не сме́йтесь, - проговори́ла она́ с жи́востью, - а то́ я вам скажу́ сего́дня то́, что вы мне сказа́ли вчера́: «Заче́м вы смеётесь?» - и пото́м она́ приба́вила: - По́мните, вы вчера́ говори́ли о кры́льях? Кры́лья у меня́ вы́росли – да лете́ть не́куда.

- Поми́луйте, - промо́лвил я, - перед ва́ми все пути́ откры́ты...

А́ся посмотре́ла мне пря́мо и внима́тельно в глаза́.

- Вы сего́дня дурно́го мне́ния обо мне́, - сказа́ла она́.

- Я? дурно́го мне́ния? о ва́с!..

- Что э́то вы то́чно **в во́ду опу́щенные**[4], - переби́л меня́ Га́гин, - хоти́те, я, по-вчера́шнему, сыгра́ю вам вальс?

- Нет, нет, - возрази́ла А́ся, - сего́дня ни за что́!

- Я тебя́ не **принужда́ю**[5], успоко́йся...

....

«Неуже́ли она́ меня́ лю́бит?» - ду́мал я на обра́тном пути́.

---

[4] почему́ вы таки́е печа́льные

[5] принужда́ть|прину́дить = заста́вить де́лать что-л.

XIII

«Нуже́ли она́ меня́ лю́бит?» - спра́шивал я себя́ на друго́й день, то́лько что **просну́вшись**[1]. Я не хоте́л загля́дывать в самого́ себя́. Я чу́вствовал, что её о́браз, о́браз «де́вушки с неесте́ственным сме́хом» **втесни́лся**[2] мне в ду́шу и что мне от него́ не ско́ро отде́латься. Я пошёл в Л. и оста́лся там це́лый день, но А́сю ви́дел то́лько ме́льком. Е́й нездоро́вилось; у неё голова́ боле́ла. Она́ сошла́ вниз, на мину́тку, бле́дная, ху́денькая, с почти́ закры́тыми глаза́ми; сла́бо улыбну́лась, сказа́ла: «Э́то пройдёт, э́то ничего́, всё пройдёт, не пра́вда ли?» - и ушла́. Мне ста́ло ску́чно и ка́к-то гру́стно-пу́сто; я, одна́ко, до́лго не хоте́л уходи́ть и верну́лся по́здно и её бо́лее не уви́дел.

Сле́дующее у́тро прошло́ в како́м-то полусне́ созна́ния. Я хоте́л приня́ться за рабо́ту – не мог; хоте́л ничего́ не де́лать и не ду́мать... и э́то не удало́сь. Я броди́л по го́роду; возвраща́лся домо́й, выходи́л сно́ва.

- Вы ли господи́н Н.? - разда́лся вдруг за мно́й де́тский го́лос. Я огляну́лся; передо мно́й стоя́л ма́льчик. - Э́то вам от фре́йлейн Annette, - приба́вил он, **подава́я**[3] мне запи́ску.

Я узна́л непра́вильный и бы́стрый по́черк А́си. «Я непреме́нно должна́ вас ви́деть, - писа́ла мне она́, - приходи́те сего́дня в четы́ре часа́ к ка́менной **часо́вне**[4] на доро́ге во́зле разва́лины. Я сде́лала сего́дня

---

[1] *деепр.*

[2] тесни́ться|в– = здесь: войти́

[3] *деепр.*

[4] часо́вня = небольшо́е зда́ние для богослуже́ния с ико́нами

большу́ю неосторо́жность... Приди́те ради бо́га, вы всё узна́ете... Скажи́те **посла́нному**[5]: да».

- Бу́дет отве́т? - спроси́л меня́ ма́льчик.

- Скажи́, что да, - отвеча́л я.

Ма́льчик убежа́л.

---

[5] посла́нный = тот, кого́ посла́ли, курье́р

XIV

Я пришёл к себе́ в ко́мнату, сел и заду́мался. Се́рдце во мне́ си́льно би́лось. Не́сколько раз перечёл я запи́ску А́си. Я посмотре́л на часы́: и двена́дцати ещё не́ было.

Дверь отвори́лась – вошёл Га́гин.

Лицо́ его́ бы́ло мра́чно. Он схвати́л меня́ за́ руку и кре́пко пожа́л её. Он каза́лся о́чень взволно́ванным.

- Что с ва́ми? - спроси́л я.

Га́гин взял стул и сел про́тив меня́.

- **Четвёртого дня**[1], - на́чал он с **принуждённой**[2] улы́бкой, - я удиви́л вас свои́м расска́зом; сего́дня удивлю́ ещё бо́лее. С други́м я, вероя́тно, не реши́лся бы... так пря́мо... Но вы благоро́дный челове́к, вы мне друг, не та́к ли? Послу́шайте: моя́ сестра́, А́ся, в вас влюблена́.

Я весь **вздро́гнул**[3] и приподня́лся.

- Ва́ша сестра́, говори́те вы...

- Да, да, - переби́л меня́ Га́гин. - Я вам говорю́, она́ сумасше́дшая и меня́ с ума́ сведёт. Но, к сча́стью, она́ не уме́ет лгать – и доверя́ет мне. Ах, что за душа́ у э́той де́вочки... но она́ себя́ **погу́бит**[4], непреме́нно.

- Да вы ошиба́етесь, - на́чал я.

- Нет, не ошиба́юсь. Вчера́, вы зна́ете, она́ почти́ це́лый день пролежа́ла, ничего́ не е́ла, впро́чем не жа́ловалась... Она́ никогда́ не жа́луется. Я не

---

[1] четы́ре дня тому́ наза́д

[2] принуждённый = неесте́ственный

[3] *см.* дро́гнуть

[4] губи́ть|по– = привести́ к ги́бели|разруше́нию|сме́рти

беспоко́ился, хотя́ к ве́черу у неё сде́лался небольшо́й **жар**[5]. Сего́дня, в два часа́ но́чи, меня́ разбуди́ла на́ша хозя́йка: «**Ступа́йте**[6], говори́т, к ва́шей сестре́: с не́й что́-то ху́до». Я побежа́л к А́се и нашёл её **нераздéтой**[7], в лихора́дке, в слеза́х; голова́ у неё горе́ла, зу́бы стуча́ли. «Что с тобо́й? - спроси́л я, - ты больна́?» Она́ бро́силась мне на ше́ю и начала́ умоля́ть меня́ увезти́ её как мо́жно скоре́е, е́сли я хочу́, что́бы она́ оста́лась в живы́х... Я ничего́ не понима́ю, стара́юсь её успоко́ить... **Рыда́ния**[8] её уси́ливаются... и вдруг сквозь э́ти рыда́ния услы́шал я... Ну, сло́вом, я услы́шал, что она́ вас лю́бит. Уверя́ю вас, мы с ва́ми, благоразу́мные лю́ди, и предста́вить себе́ не мо́жем, как она́ глубоко́ чу́вствует и с како́й невероя́тной си́лой **выска́зываются**[9] в не́й э́ти чу́вства; э́то нахо́дит на неё так же неожи́данно, как гроза́. Вы о́чень ми́лый челове́к, - продолжа́л Га́гин, - но почему́ она́ вас так полюби́ла – э́того я, призна́юсь, не понима́ю. Она́ говори́т, что привяза́лась к вам с пе́рвого взгля́да. И́менно поэ́тому она́ и пла́кала на дня́х, когда́ уверя́ла меня́, что, кроме меня́, никого́ люби́ть не хо́чет. Она́ вообража́ет, что вы её презира́ете, что вы, вероя́тно, зна́ете, кто она́; она́ спра́шивала меня́, не рассказа́л ли я вам её исто́рию, – я, разуме́ется, сказа́л, что нет; но **чу́ткость**[10] её – про́сто страшна́. Она́ жела́ет одного́: уе́хать, уе́хать то́тчас. Я просиде́л с не́й до утра́; она́

---

[5] жар = повы́шенная температу́ра

[6] ступа́ть|ступи́ть = идти́

[7] нерazде́тый = оде́тый, т.е. в оде́жде

[8] рыда́ние *от гл.* рыда́ть = гро́мко пла́кать

[9] выска́зываться|вы́сказаться = выража́ться

[10] чу́ткость *ж.*; *прил.* чу́ткий = тот, кто легко́ и бы́стро воспринима́ет что-л. о́рганами чу́вств

взяла́ с меня́ сло́во, что нас за́втра же здесь не бу́дет, – и тогда́ то́лько она́ засну́ла. Я поду́мал, поду́мал и реши́лся – поговори́ть с ва́ми. По-мо́ему, А́ся права́: са́мое лу́чшее – уе́хать нам обо́им отсю́да. И я сего́дня же бы увёз её, е́сли б не пришла́ мне в го́лову мысль, кото́рая меня́ останови́ла. Может бы́ть... как знать? – вам сестра́ моя́ нра́вится? Е́сли так, **с како́й ста́ти**[11] я увезу́ её? Я вот отбро́сил в сто́рону вся́кий стыд и реши́лся... Прито́м же я сам кое-что́ заме́тил... Я реши́лся... узна́ть от вас... - Бе́дный Га́гин смути́лся. - Извини́те меня́, пожа́луйста, - приба́вил он, - я не привы́к к таки́м **передря́гам**[12].

Я взял его́ за́ руку.

- Вы хоти́те знать, - произнёс я твёрдым го́лосом, - нра́вится ли мне ва́ша сестра́? Да, она́ мне нра́вится…

Га́гин взгляну́л на меня́.

- Но, - проговори́л он, - ведь вы не же́нитесь на не́й?

- Как вы хоти́те, что́бы я отвеча́л на тако́й вопро́с? Посуди́те са́ми, могу́ ли я тепе́рь…

- Зна́ю, зна́ю, - переби́л меня́ Га́гин. - Я не име́ю никако́го пра́ва тре́бовать от вас отве́та, и вопро́с мо́й – верх **неприли́чия**[13]… Но что́ прика́жете де́лать? С огнём шути́ть нельзя́. Вы не зна́ете А́сю; она́ в состоя́нии **занемо́чь**[14], убежа́ть, свида́ние вам назна́чить... Друга́я уме́ла бы всё скрыть и вы́ждать – но не она́. С не́й э́то в пе́рвый раз, - вот что беда́! Е́сли

---

[11] заче́м

[12] передря́га = неприя́тное, затрудни́тельное де́ло

[13] прили́чие = хоро́шее поведе́ние

[14] занемо́чь *сов.* = стать больны́м

б вы ви́дели, как она́ сего́дня рыда́ла у ног мои́х, вы бы по́няли мои́ **опасе́ния**[15].

Я заду́мался. Слова́ Га́гина «свида́ние вам назна́чить» кольну́ли меня́ в се́рдце. Мне показа́лось посты́дным не отвеча́ть открове́нностью на его́ че́стную открове́нность.

- Да, - сказа́л я, наконе́ц, - вы пра́вы. Час тому наза́д я получи́л от ва́шей сестры́ запи́ску. Вот она́.

Га́гин взял запи́ску, бы́стро **пробежа́л**[16] её. Выраже́ние изумле́ния на его́ лице́ бы́ло о́чень смешно́, но мне было не́ до сме́ху.

- Вы, повторя́ю, благоро́дный челове́к, - проговори́л он, - но что́ же тепе́рь де́лать? Как? она́ сама́ хо́чет уе́хать, и пи́шет к вам, и **упрека́ет**[17] себя́ в неосторо́жности... и когда́ э́то она́ успе́ла написа́ть? Чего́ ж она́ хо́чет от вас?

Я успоко́ил его́, и мы приняли́сь **толкова́ть**[18] хладнокро́вно по ме́ре возмо́жности о том, что нам сле́довало предприня́ть.

Вот на чём мы останови́лись, наконе́ц: что́бы избежа́ть беды́, я до́лжен был идти́ на свида́ние и че́стно объясни́ться с А́сей; Га́гин обяза́лся сиде́ть до́ма и не пода́ть ви́да, что ему́ изве́стна её запи́ска; а ве́чером мы положи́ли сойти́сь опя́ть.

- Я твёрдо наде́юсь на вас, - сказа́л Га́гин, - **пощади́те**[19] и её и меня́. А уезжа́ем мы всё-таки

---

[15] опасе́ние = чу́вство трево́ги

[16] пробежа́ть *сов.* = здесь: бы́стро прочита́ть

[17] упрека́ть|упрекну́ть = выража́ть неудово́льствие

[18] толкова́ть *несов.* = обсужда́ть|разъясня́ть|бесе́довать

[19] щади́ть|по– = прояви́ть жа́лость, сострада́ние

за́втра, - приба́вил он, - потому́ что ведь вы на А́се не же́нитесь.

- Да́йте мне сро́ку до ве́чера, - возрази́л я.

- Пожа́луй, но вы не же́нитесь.

Он ушёл, а я бро́сился на дива́н и закры́л глаза́. Голова́ у меня́ ходи́ла кру́гом: сли́шком мно́го впечатле́ний в ней появи́лось ра́зом. Я доса́довал на открове́нность Га́гина, я доса́довал на А́сю, её любо́вь меня́ и ра́довала и смуща́ла. Я не мог поня́ть, что́ заста́вило её всё вы́сказать бра́ту; **неизбе́жность**[20] ско́рого, почти́ мгнове́нного реше́ния му́чила меня́...

«Жени́ться на семнадцатиле́тней де́вочке, с её **нра́вом**[21], как э́то мо́жно!» - сказа́л я себе́.

---

[20] неизбе́жность = то, чего́ нельзя́|невозмо́жно избежа́ть

[21] нрав = хара́ктер

XV

В усло́вленный час[1] перепра́вился я через Ре́йн. На противополо́жном берегу́ встре́тил меня́ тот са́мый ма́льчик, кото́рый приходи́л ко мне́ поутру́. Он, по-ви́димому, ждал меня́.

- От фре́йлейн Annétte, - сказа́л он шёпотом и по́дал мне другу́ю запи́ску.

А́ся сообщи́ла мне о переме́не ме́ста на́шего свида́ния. Я до́лжен был прийти́ через полтора́ часа́ не к часо́вне, а в дом фра́у Луи́зе, постуча́ть внизу́ и войти́ в тре́тий эта́ж.

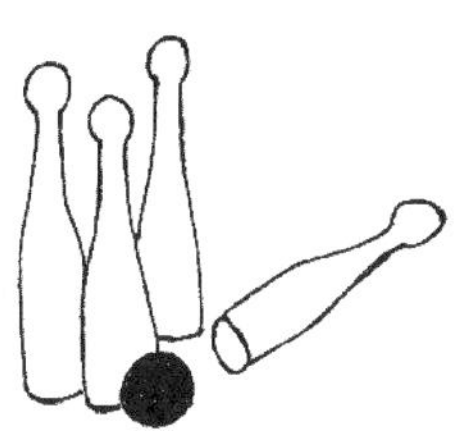

ке́гли

- Опя́ть: да? – спроси́л меня́ ма́льчик.

- Да, - повтори́л я.

Верну́ться домо́й было не́когда, я не хоте́л броди́ть по у́лицам. За городско́й стено́й находи́лся ма́ленький сад с **наве́сом** для **ке́глей**[2] и стола́ми для люби́телей пи́ва. Я вошёл туда́. Хоро́шенькая служа́нка с запла́канными глаза́ми принесла́ мне кру́жку пи́ва; я взгляну́л в её лицо́. Она́ бы́стро отошла́ прочь.

---

[1] вре́мя, кото́рое зара́нее назна́чили

[2] наве́с = кры́ша на столба́х для защи́ты от плохо́й пого́ды; ке́гля; *мн.ч.:* ке́гли

- Да, да, - промо́лвил то́лстый и краснощёкий граждани́н, - Га́нхен на́ша сего́дня о́чень **огорчена́**[3]: **жени́х**[4] её пошёл в солда́ты.

Я посмотре́л на неё: слёзы ка́пали одна́ за друго́й по её па́льцам. Кто́-то спроси́л пи́ва; она́ принесла́ ему́ кру́жку и опя́ть верну́лась на своё ме́сто в уголке́. Её го́ре поде́йствовало на меня́; я на́чал ду́мать о свида́нии с А́сей, но мои́ ду́мы бы́ли забо́тливые, невесёлые ду́мы. Не с лёгким се́рдцем шёл я на э́то свида́ние, не ра́дости **взаи́мной любви́**[5] жда́ли меня́; **мне предстоя́ло**[6] сдержа́ть **да́нное сло́во**[7], испо́лнить тру́дную обя́занность. «С не́й шути́ть нельзя́» - э́ти слова́ Га́гина, как **стре́лы**[8], вошли́ в мою́ ду́шу. А ещё четвёртого дня в э́той ло́дке, не **томи́лся**[9] ли я жа́ждой сча́стья? Оно́ ста́ло возмо́жным – и я **колеба́лся**[10], я **отта́лкивал**[11], я до́лжен был оттолкну́ть его́ прочь... Его́ внеза́пность меня́ смуща́ла. Сама́ А́ся, с её о́гненной голово́й, с её проше́дшим, с её воспита́нием, э́то **при-**

[3] быть огорчённым = испыта́ть душе́вную боль

[4] бу́дущий муж

[5] взаимная любо́вь = любо́вь друг к дру́гу

[6] предстоя́ть *несов.* = ожида́ться в бу́дущем

[7] да́нное сло́во = обеща́ние

[8] стрела́; *мн.ч.:* стре́лы

[9] томи́ться|ис– = му́читься

[10] колеба́ться|по– = быть нереши́тельным

[11] отта́лкивать|оттолкну́ть = ре́зко отка́зываться от чего-л.

влека́тельное[12], но стра́нное существо́ – признаю́сь, она́ меня́ пуга́ла. До́лго боро́лись во мне́ чу́вства. Назна́ченный час приближа́лся. «Я не могу́ на не́й жени́ться, - реши́л я, наконе́ц, - она́ не узна́ет, что и я полюби́л её».

Я встал, и, **положи́в**[13] та́лер в ру́ку бе́дной Га́нхен (она́ да́же не поблагодари́ла меня́), напра́вился к до́му фра́у Луи́зе. Я сла́бо сту́кнул в дверь; она́ то́тчас отвори́лась. Я переступи́л поро́г и очути́лся в соверше́нной темноте́.

- Сюда́! - послы́шался **стару́шечий**[14] го́лос. - Вас ждут.

Чья́-то худа́я рука́ взяла́ мою́ ру́ку.

- Вы́ э́то, фра́у Луи́зе? - спроси́л я.

- Я, - отвеча́л мне тот же го́лос, - я, мо́й прекра́сный молодо́й челове́к.

Стару́ха повела́ меня́ опя́ть вверх по ле́стнице и останови́лась на площа́дке тре́тьего этажа́. При сла́бом све́те из кро́шечного око́шка, я уви́дел ста́рое лицо́ вдовы́ бургоми́стра. С хи́трой улы́бкой она́ указа́ла мне на ма́ленькую дверь. Ре́зким движе́нием руки́ откры́л я её и **захло́пнул**[15] за собо́й.

---

[12] привлека́тельный = симпати́чный
[13] *деепр.*
[14] *см.* стару́ха
[15] захло́пывать|захло́пнуть = с шу́мом закры́ть

XVI

В небольшо́й ко́мнатке, куда́ я вошёл, бы́ло дово́льно темно́, и я не то́тчас уви́дел А́сю. **Заку́танная в дли́нную шаль**[1], она́ сиде́ла на сту́ле во́зле окна́ и, как испу́ганная пти́чка, отверну́ла и почти́ спря́тала го́лову. Она́ дыша́ла бы́стро и вся дрожа́ла. Мне ста́ло **неска́занно**[2] жа́лко её. Я подошёл к не́й. Она́ ещё бо́льше отверну́ла го́лову...

- А́нна Никола́евна, - сказа́л я.

Она́ вдруг вся **вы́прямилась**[3], хоте́ла взгляну́ть на меня́ – и не могла́. Я взял её ру́ку, она́ была́ холодна́ и лежа́ла как мёртвая на мое́й ладо́ни.

заку́танная в шаль

- Я жела́ла... - начала́ А́ся, **стара́ясь**[4] улыбну́ться, но её бле́дные гу́бы не слу́шались её, - я хоте́ла... Нет, не могу́, - проговори́ла она́ и **умо́лкла**[5]. Действи́тельно, го́лос её **прерыва́лся**[6] на ка́ждом сло́ве.

Я сел по́дле неё.

---

[1] А́ся, заку́танная в дли́нную шаль
[2] о́чень|чрезвыча́йно
[3] выпрямля́ться|вы́прямиться = приня́ть прямо́е положе́ние
[4] *деепр.*
[5] умолка́ть|умо́лкнуть = переста́ть говори́ть|замолча́ть
[6] прерыва́ться|прерва́ться = прекрати́ться|приостанови́ться

- А́нна Никола́евна, - повтори́л я и то́же не мог ничего́ приба́вить.

Наста́ло[7] молча́ние. Я продолжа́л держа́ть её ру́ку и гляде́л на неё. Она́ по-пре́жнему дыша́ла с трудо́м и тихо́нько **поку́сывала ни́жнюю губу́**[8], чтобы не запла́кать, что́бы удержа́ть слёзы... Я гляде́л на неё: бы́ло что́-то тро́гательно-беспо́мощное в её ро́бкой неподви́жности: как бу́дто она́ от уста́лости едва́ добрала́сь до сту́ла и так и упа́ла на него́. **Се́рдце** во мне́ **растáяло**[9]...

- А́ся, - сказа́л я едва́ слы́шно...

Она́ ме́дленно подняла́ на мсня́ свои́ глаза́... О, взгляд же́нщины, кото́рая полюби́ла, - кто тебя́ опи́шет? Они́ моли́ли, э́ти глаза́, они́ доверя́лись, **вопроша́ли**[10], отдава́лись... Я не мог проти́виться их обая́нию. То́нкий ого́нь пробежа́л по мне́; я прибли́зился и **прини́к**[11] к её руке́...

Послы́шался **тре́петный**[12] звук, похо́жий на **вздох**[13], и я почу́вствовал на мои́х волоса́х **прикоснове́ние**[14] сла́бой, как лист дрожа́щей руки́. Я по́днял го́лову и уви́дел её лицо́. Как оно́ вдруг измени́лось! Выраже́ние стра́ха исчéзло с него́, взор

---

[7] настава́ть|наста́ть = нача́ться

[8] зуба́ми хвата́ть гу́бы в знак си́льного волне́ния|отча́яния

[9] *перен.* = я испыта́л к не́й жа́лость

[10] вопроша́ть|вопроси́ть = спроси́ть

[11] приника́ть|прини́кнуть = прибли́зиться

[12] тре́пет = си́льное волне́ние

[13] вздыха́ть|вздохну́ть = глубоко́ дыша́ть; *напр.* вздох облегче́ния

[14] прикаса́ться|прикосну́ться = *см.* каса́ться

ушёл куда́-то далеко́ и **увлека́л**[15] меня́ за собо́й, гу́бы слегка́ раскры́лись, лоб побледне́л как мра́мор, и ло́коны отодви́нулись наза́д. Я забы́л всё, я потяну́л её к себе́, - и голова́ её ти́хо легла́ на мою́ грудь, легла́ под мои́ о́гненные гу́бы...

- Ва́ша... – прошепта́ла она́ едва́ слы́шно.

Уже́ ру́ки мои́ **скользи́ли**[16] вокру́г её **ста́на**[17]... Но вдруг воспомина́ние о Га́гине, как мо́лния, мне пришло́ на ум.

- Что мы де́лаем!.. - воскли́кнул я и отодви́нулся наза́д. - Ваш брат... ведь он всё зна́ет... Он зна́ет, что я ви́жусь с ва́ми.

А́ся опусти́лась на стул.

- Да, - продолжа́л я, **отходя́**[18] на друго́й у́гол ко́мнаты. - Ваш брат всё зна́ет... Я до́лжен был ему́ всё сказа́ть.

- Должны́? - проговори́ла она́ ти́хо. Она́, ви́димо, не могла́ ещё прийти́ в себя́ и пло́хо меня́ понима́ла.

- Да, да, - повтори́л я с каки́м-то **ожесточе́нием**[19], - и в э́том вы одни́ винова́ты, вы одни́. Заче́м вы са́ми вы́дали ва́шу та́йну? Кто заставля́л вас всё вы́сказать ва́шему бра́ту? Он сего́дня был сам у меня́ и переда́л мне ваш разгово́р с ним. - Я стара́лся не гляде́ть на А́сю и ходи́л больши́ми шага́ми по ко́мнате. - Тепе́рь всё пропа́ло, всё, всё.

---

[15] увлека́ть|увле́чь = тяну́ть

[16] скользи́ть *несов.* = передвига́ться легко́, бы́стро

[17] стан = те́ло|фигу́ра

[18] *деепр.*

[19] ожесточе́ние = состоя́ние кра́йнего до жестоко́сти озлобле́ния

А́ся подняла́сь со сту́ла.

- Оста́ньтесь, - воскли́кнул я, - оста́ньтесь, прошу́ вас. Вы име́ете де́ло с че́стным челове́ком – да, с че́стным челове́ком. Но, ради бо́га, что взволнова́ло вас? Ра́зве вы заме́тили во мне́ каку́ю переме́ну? А я не мог скрыва́ться перед ва́шим бра́том, когда́ он пришёл сего́дня ко мне́.

«Что я тако́е говорю́?» - ду́мал я про себя́, и мысль, что я **безнра́вственный обма́нщик**[20], что Га́гин зна́ет о на́шем свида́нии, что всё непра́вильно, - так и шуме́ла у меня́ в голове́.

- Я не звала́ бра́та, - послы́шался испу́ганный шёпот А́си, - он пришёл сам.

- Посмотри́те же, что вы наде́лали, - продолжа́л я. - Тепе́рь вы хоти́те уе́хать...

- Да, я должна́ уе́хать, - так же ти́хо проговори́ла она́, - я и попроси́ла вас сюда́ для того́ то́лько, что́бы прости́ться с ва́ми.

- И вы ду́маете, - возрази́л я, - мне бу́дет легко́ с ва́ми расста́ться?

- Но заче́м же вы сказа́ли бра́ту? - с недоуме́нием повтори́ла А́ся.

- Я вам говорю́ – я не мог поступи́ть ина́че. Е́сли б вы са́ми не вы́дали себя́...

- Я заперла́сь в мое́й ко́мнате, - возрази́ла она́ простоду́шно, - я не зна́ла, что у мое́й хозя́йки был друго́й ключ...

---

[20] амора́льный ч-к; обма́нывать|обману́ть = не вы́полнить обеща́ние|дать ло́жное представле́ние о чём-л.

Э́то неви́нное **извине́ние**[21], в её **уста́х**[22], в таку́ю мину́ту – меня́ тогда́ чуть не рассерди́ло... а тепе́рь я без **умиле́ния**[23] не могу́ его́ вспо́мнить. Бе́дное, че́стное, и́скреннее **дитя́**[24]!

- И вот тепе́рь всё ко́нчено! - на́чал я сно́ва. - Всё. Тепе́рь нам должно́ расста́ться. - Я незаме́тно взгляну́л на А́сю... лицо́ её бы́стро красне́ло. Е́й, я э́то чу́вствовал, и сты́дно станови́лось и стра́шно. Я сам ходи́л и говори́л, как в лихора́дке. - Вы не да́ли **разви́ться**[25] чу́вству, кото́рое начина́ло расти́, вы са́ми разорва́ли на́шу связь, вы не име́ли ко мне́ дове́рия, вы усомни́лись во мне...

Пока́ я говори́л, А́ся всё бо́льше и бо́льше **наклоня́лась вперёд**[26] – и вдруг упа́ла на коле́ни, опусти́ла го́лову на́ руки и зарыда́ла. Я подбежа́л к не́й, пыта́лся подня́ть её, но она́ мне не дава́лась. Я не выношу́ же́нских слёз: при ви́де их я **теря́юсь**[27] то́тчас.

- А́нна Никола́евна, А́ся, - сказа́л я, - пожа́луйста, умоля́ю вас, ради бо́га, переста́ньте... - Я сно́ва взял её за́ руку...

Но, к велича́йшему моему́ изумле́нию, она́ вдруг вскочи́ла – с быстрото́й мо́лнии бро́силась к две́ри и исче́зла...

---

[21] здесь: наи́вное объясне́ние

[22] уста́ *поэт.* = рот, гу́бы

[23] умиле́ние = не́жное чу́вство

[24] ребёнок

[25] развива́ться|разви́ться; *см.* разви́тие

[26] наклоня́ться|наклони́ться вперёд = опуска́ть ве́рхнюю часть те́ла книзу

[27] теря́ться|по– = теря́ть увере́нность

Когда́ не́сколько мину́т спустя́ фра́у Луи́зе вошла́ в ко́мнату – я всё ещё стоя́л на са́мой середи́не её, уж то́чно **как гро́мом поражённый**[28]. Я не понима́л, как могло́ э́то свида́ние так бы́стро, так глу́по ко́нчиться – ко́нчиться, когда́ я не сказа́л того́, что хоте́л, что до́лжен был сказа́ть, когда́ я ещё сам не знал, чем оно́ могло́ разреши́ться...

- Фре́йлейн ушла́? - спроси́ла меня́ фра́у Луи́зе.

Я посмотре́л на неё как дура́к – и вы́шел вон.

---

[28] стоя́ть как окамене́лый, когда́ случи́лось что-то неприя́тное и неожи́данное

XVII

Я вы́брался из го́рода и **пусти́лся**[1] пря́мо в по́ле. **Доса́да**[2], доса́да бе́шеная меня́ му́чила. Я почу́вствовал свою́ вину́. Как я мог не поня́ть причи́ну, кото́рая заста́вила А́сю перемени́ть ме́сто на́шего свида́ния, как не **оцени́ть**[3], чего́ е́й сто́ило прийти́ к э́той стару́хе, как я не удержа́л её! **Наедине́**[4] с не́й в то́й глухо́й, едва́ **освещённой**[5] ко́мнате у меня́ доста́ло си́лы, доста́ло ду́ха – оттолкну́ть её от себя́, да́же упрека́ть её… А тепе́рь её о́браз меня́ пресле́довал, я проси́л проще́ния; воспомина́ния об э́том бле́дном лице́, об э́тих вла́жных и ро́бких глаза́х, о лёгком прикоснове́нии её головы́ к мое́й груди́ – **жгли**[6] меня́. «Ва́ша…» - слы́шался мне её шёпот. «Я поступи́л по со́вести», - уверя́л я себя́… Непра́вда! Ра́зве я то́чно хоте́л тако́й **развя́зки**[7]? Ра́зве я в состоя́нии с не́й расста́ться? Ра́зве я могу́ лиши́ться её? «**Безу́мец**[8]!, безу́мец!» - повторя́л я с озлобле́нием…

Между те́м ночь наступа́ла. Больши́ми шага́ми напра́вился я к до́му, где жила́ А́ся.

---

[1] пуска́ться|пусти́ться = пойти́|отпра́виться куда-л.

[2] доса́да = чу́вство зло́сти|оби́ды

[3] оце́нивать|оцени́ть = пра́вильно установи́ть це́ну; здесь: осозна́ть|призна́ть значе́ние кого́-чего́-л.

[4] наедине́ = без свиде́телей

[5] едва́ освещённый = тако́й, к-рый почти́ без све́та

[6] жечь|с- = заста́вить горе́ть; здесь: му́чить огнём

[7] развя́зка = коне́ц сло́жного де́ла|результа́т

[8] сумасше́дший

XVIII

Га́гин вы́шел ко мне́ навстре́чу.

- Ви́дели вы сестру́? - закрича́л он мне ещё и́здали.

- Ра́зве её нет до́ма? - спроси́л я.

- Нет.

- Она́ не возвраща́лась?

- Нет. Я винова́т, - продолжа́л Га́гин, - не мог **утерпе́ть**[1]: про́тив на́шего угово́ра, ходи́л к часо́вне; там её не́ было; ста́ло быть, она́ не приходи́ла?

- Она́ не была́ у часо́вни.

- И вы её не ви́дели?

Я до́лжен был созна́ться, что я её ви́дел.

- Где?

- У фра́у Луи́зе. Я расста́лся с не́й час тому́ наза́д, - приба́вил я, - я был уве́рен, что она́ домо́й верну́лась.

- Подождём, - сказа́л Га́гин.

Мы вошли́ в дом и се́ли друг по́дле дру́га. Мы молча́ли. Нам о́чень нело́вко было обо́им. Мы постоя́нно огля́дывались, посма́тривали на дверь, прислу́шивались. Наконе́ц, Га́гин встал.

- Э́то ни на что не похо́же! - воскли́кнул он, - у меня́ се́рдце не на ме́сте. Она́ меня́ заму́чит, е́й-богу... пойдёмте иска́ть её.

Мы вы́шли. На дворе́ уже́ совсе́м стемне́ло.

- О чём же вы с не́й говори́ли? - спроси́л меня́ Га́гин.

- Я ви́делся с не́й всего́ мину́т пять, - отвеча́л я, - я говори́л с не́й, как договори́лись.

---

[1] утерпе́ть *сов.* = здесь: терпели́во ждать

- Зна́ете ли что? - возрази́л он, - лу́чше нам разойти́сь; так мы скоре́е её найдём. Во вся́ком слу́чае, приходи́те сюда́ через ча́с.

XIX

Я бы́стро спусти́лся с виногра́дника и бро́сился в го́род. Бы́стро обошёл я все у́лицы, загляну́л всю́ду, да́же в о́кна фра́у Луи́зе, верну́лся к Ре́йну и побежа́л по бе́регу... И́зредка попада́лись мне же́нские фигу́ры, но А́си нигде́ не́ было ви́дно. Уже́ не доса́да меня́ му́чила, - та́йный страх **терза́л**[1] меня́, и не оди́н страх я чу́вствовал... нет, я чу́вствовал **раска́яние**[2], сожале́ние са́мое **жгу́чее**[3], любо́вь – да! са́мую не́жную любо́вь. Я **лома́л ру́ки**[4], звал А́сю посреди́ ночно́й тьмы, сперва́ вполго́лоса, пото́м всё гро́мче и гро́мче; я повторя́л сто раз, что я её люблю́, я кля́лся никогда́ с не́й не расстава́ться, я бы дал всё на све́те, что́бы опя́ть держа́ть её холо́дную ру́ку, опя́ть слы́шать её ти́хий го́лос, опя́ть ви́деть её перед собо́й... Она́ была́ так близка́, она́ пришла́ ко мне́ с по́лной реши́мостью, в по́лной неви́нности се́рдца и чу́вств, она́ принесла́ мне свою́ неви́нную мо́лодость... и я не **прижа́л её к свое́й груди́**[5], я лиши́л себя́ **блаже́нства**[6] уви́деть, как её ми́лое лицо́ расцвело́ бы ра́достью и тишино́й восто́рга... Эта мысль меня́ с ума́ своди́ла.

«Куда́ могла́ она́ пойти́, что она́ с собо́й сде́лала?» - восклица́л я в тоске́ бесси́льного отча́яния... Что́-то бе́лое мелькну́ло вдруг на само́м

---

[1] терза́ть *несов.* = здесь: му́чить мора́льно

[2] раска́яние = глубо́кое сожале́ние|чу́вство вины́

[3] жгу́чий = *от гл.* жечь; тако́й, к-рый причиня́ет о́струю боль, как от огня́

[4] лома́ть ру́ки = знак стра́ха|отча́яния

[5] прижима́ть|прижа́ть к груди́ = не́жно притяну́ть к себе́

[6] блаже́нство = большо́е сча́стье

берегу́ реки́. Я знал э́то ме́сто; там, над моги́лой челове́ка, кото́рый лет се́мьдесят тому́ наза́д утону́л, стоя́л ка́менный крест с стари́нной на́дписью. Се́рдце во мне за́мерло... Я подбежа́л к кресту́: бе́лая фигу́ра исче́зла. Я кри́кнул: «А́ся!» Ди́кий го́лос мо́й испуга́л меня́ самого́ – но никто́ не отвеча́л...

Я реши́лся пойти́ узна́ть, не нашёл ли её Га́гин.

XX

Я бы́стро шёл по тропи́нке виногра́дника и и́здали уви́дел свет в ко́мнате А́си... Э́то меня́ не́сколько успоко́ило.

Я подошёл к до́му; дверь внизу́ была́ закры́та, я постуча́лся. Неосвещённое око́шко в ни́жнем этаже́ осторо́жно отвори́лось, и показа́лась голова́ Га́гина.

- Нашли́? - спроси́л я его́.

- Она́ верну́лась, - отвеча́л он мне шёпотом, - она́ в свое́й ко́мнате и раздева́ется. Всё в поря́дке.

- Сла́ва бо́гу! - воскли́кнул я с **несказа́нным**[1] **поры́вом**[2] ра́дости, - сла́ва бо́гу! Тепе́рь всё прекра́сно. Но вы зна́ете, мы должны́ ещё переговори́ть.

- В друго́е вре́мя, - возрази́л он, - в друго́е вре́мя, а тепе́рь проща́йте.

- До за́втра, - промо́лвил я, - за́втра всё бу́дет я́сным.

- Проща́йте, - повтори́л Га́гин. Окно́ закры́лось.

Я чуть не постуча́л в окно́. Я хоте́л тогда́ же сказа́ть Га́гину, что я прошу́ руки́ его́ сестры́. Но тако́е **сва́танье**[3] в таку́ю по́ру... «До за́втра, - поду́мал я, - за́втра я бу́ду сча́стлив...»

За́втра я бу́ду сча́стлив! У сча́стья нет за́втрашнего дня; у него́ нет и вчера́шнего; оно́ не по́мнит проше́дшего, не ду́мает о бу́дущем; у него́ есть настоя́щее – и то́ не день – а мгнове́ние.

---

[1] несказа́нный = о́чень си́льный, к-рый не переда́ть слова́ми

[2] поры́в = си́льное мгнове́нное чу́вство

[3] сва́тать|по– = проси́ть в жёны; сва́танье *устар.* = сватовство́

Я не по́мню, как дошёл я до З. Не но́ги меня́ несли́, не ло́дка меня́ везла́: меня́ поднима́ли каки́е-то широ́кие, си́льные кры́лья. Я прошёл мимо ку́ста, где пел солове́й, я останови́лся и до́лго слу́шал: мне каза́лось, он пел мою́ любо́вь и моё сча́стье.

XXI

Когда́, на друго́й день у́тром, я стал подходи́ть к знако́мому до́мику, меня́ порази́ло одно́ обстоя́тельство: все о́кна в нём бы́ли откры́ты, и дверь то́же была́ раскры́та; каки́е-то бума́жки **валя́лись**[1] перед поро́гом; служа́нка показа́лась за две́рью.

Я прибли́зился к не́й...

- Уе́хали! - сказа́ла она́, пре́жде чем я успе́л спроси́ть её: до́ма ли Га́гин?

- Уе́хали?.. - повтори́л я. - Как уе́хали? Куда́?

- Уе́хали сего́дня у́тром, в шесть часо́в, и не сказа́ли куда́. Посто́йте, ведь вы, ка́жется, господи́н Н.?

- Я господи́н Н.

- К вам есть письмо́ у хозя́йки. - Служа́нка пошла́ наве́рх и верну́лась с письмо́м. - Вот-с, изво́льте.

- Да не может бы́ть... Как же э́то так?.. - на́чал я.

Служа́нка ту́по посмотре́ла на меня́ и взяла́сь за рабо́ту.

Я разверну́л письмо́. Ко мне́ писа́л Га́гин; от А́си не́ было ни стро́чки. Он на́чал с того́, что проси́л не серди́ться на него́ за внеза́пный отъе́зд; он был уве́рен, что, **по зре́лом соображе́нии**[2], я одо́брю его́ реше́ние. Он не находи́л друго́го вы́хода из положе́ния, кото́рое могло́ сде́латься **затрудни́тельным**[3] и

---

[1] валя́ться *несов.* = лежа́ть

[2] = по зре́лому соображе́нию; т.е. е́сли я хорошо́, глубоко́ обду́маю;

[3] затрудни́тельный = сло́жный

опа́сным. «Вчера́ ве́чером, - писа́л он, - пока́ мы о́ба мо́лча ожида́ли А́сю, я убеди́лся оконча́тельно в необходи́мости разлу́ки. Есть **предрассу́дки**[4], кото́рые я уважа́ю; я понима́ю, что вам нельзя́ жени́ться на А́се. Она́ мне всё сказа́ла; для её споко́йствия я до́лжен был уступи́ть её **повто́ренным про́сьбам**[5]». В конце́ письма́ он вы́разил сожале́ние о том, что на́ше знако́мство так ско́ро прекрати́лось, жела́л мне сча́стья, дру́жески жал мне ру́ку и умоля́л меня́ не стара́ться их **оты́скивать**[6].

«Каки́е предрассу́дки? - вскрича́л я, как бу́дто он мог меня́ слы́шать, - **что́ за вздор**[7]! Кто дал пра́во **похи́тить**[8] её у меня́...» Я схвати́л себя́ за́ голову...

Служа́нка начала́ гро́мко звать хозя́йку: её испу́г заста́вил меня́ прийти́ в себя́. Одна́ мысль во мне́ загоре́лась: сыска́ть их, сыска́ть во что́ бы то́ ни ста́ло. Приня́ть э́тот уда́р, **примири́ться**[9] с тако́й развя́зкой бы́ло невозмо́жно. Я узна́л от хозя́йки, что они́ в шесть часо́в утра́ се́ли на парохо́д и поплы́ли вниз по Ре́йну. Я отпра́вился в конто́ру: там мне сказа́ли, что они́ взя́ли биле́ты до Кёльна. Я пошёл домо́й с тем, что́бы то́тчас **уложи́ться**[10] и поплы́ть вслед за ни́ми. Мне пришло́сь идти́ мимо до́ма фра́у Луи́зе... Вдруг я слы́шу: меня́ зовёт кто́-то. Я по́днял го́лову и уви́дел в окне́ то́й са́мой ко́мнаты, где я накану́не ви́делся с

---

[4] предрассу́док = ло́жный взгляд на что-л.

[5] = уступи́ть её повто́рным про́сьбам; *см.* повтори́ть

[6] оты́скивать|отыска́ть = найти́ по́сле по́исков

[7] вздор = глу́пость

[8] похища́ть|похи́тить = та́йно унести́|увести́

[9] мири́ться|при– = с терпе́нием относи́ться к чему-л.

[10] укла́дываться|уложи́ться = здесь: положи́ть свои́ ве́щи в чемода́н

А́сей, вдову́ бургоми́стра. Она́ улыба́лась свое́й проти́вной улы́бкой и звала́ меня́. Я отверну́лся и прошёл было ми́мо; но она́ мне кри́кнула вслед, что у неё есть что́-то для меня́. Э́ти слова́ меня́ останови́ли, и я вошёл в её дом. Как переда́ть мои́ чу́вства, когда́ я уви́дел опя́ть э́ту ко́мнатку...

- По-настоя́щему, - начала́ стару́ха, **пока́зывая**[11] мне ма́ленькую запи́ску, - я бы должна́ была́ дать вам э́то то́лько в слу́чае, е́сли б вы зашли́ ко мне́ са́ми, но вы тако́й прекра́сный молодо́й челове́к. Возьми́те.

Я взял запи́ску.

На кро́шечном **клочке́**[12] бума́ги стоя́ли сле́дующие слова́:

«Проща́йте, мы не уви́димся бо́лее. Не из го́рдости я уезжа́ю – нет, мне нельзя́ ина́че. Вчера́, когда́ я пла́кала перед ва́ми, е́сли б вы мне сказа́ли одно́ сло́во, одно́ то́лько сло́во – я бы оста́лась. Вы его́ не сказа́ли. Ви́дно, так лу́чше... Проща́йте навсегда́!»

Одно́ сло́во... О, я безу́мец! Э́то сло́во... я со слеза́ми повторя́л его́ накану́не, я **расточа́л**[13] его́ на ве́тер, я повторя́л его́ среди́ пусты́х поле́й... но я не сказа́л его́ е́й, я не сказа́л е́й, что я люблю́ её... Да я и не мог произнести́ тогда́ э́то сло́во. Когда́ я встре́тился с не́й в то́й ропово́й ко́мнате, во мне́ ещё не́ было я́сного созна́ния моей любви́; оно́ не просну́лось да́же тогда́, когда́ я сиде́л с её бра́том в бессмы́сленном и

---

[11] *деепр.*

[12] кро́шечный клочо́к = ма́ленький кусо́чек

[13] расточа́ть|расточи́ть = тра́тить без смы́сла, це́ли

тя́гостном молча́нии... оно́ **вспы́хнуло**[14] с **неудержи́мой**[15] си́лой лишь не́сколько мгнове́ний спустя́, когда́, испу́ганный возмо́жностью несча́стья, я стал иска́ть и звать её... но уж тогда́ бы́ло по́здно. «Да э́то невозмо́жно!» - ска́жут мне; не зна́ю, возмо́жно ли э́то, - зна́ю, что э́то пра́вда. А́ся бы не уе́хала, е́сли б в не́й была́ хоть тень коке́тства и е́сли б её положе́ние не́ было ло́жно. Она́ не могла́ вы́нести того́, что вся́кая друга́я снесла́ бы: я э́того не по́нял. Недо́брый мо́й ге́ний останови́л призна́ние на уста́х мои́х при после́днем свида́нии с Га́гиным перед окно́м, и после́дняя **нить**[16], за кото́рую я ещё мог ухвати́ться, - вы́пала из рук мои́х.

В тот же день верну́лся я с чемода́ном в горо́д Л. и поплы́л в Кёльн.

---

[14] вспы́хивать|вспы́хнуть = вдруг с си́лой возни́кнуть

[15] неудержи́мый = тако́й, что невозмо́жно останови́ть|о́чень си́льный

[16] нить *ж.* = связь

XXII

В Кёльне я напа́л на след Га́гиных; я узна́л, что они́ пое́хали в Ло́ндон; я отпра́вился вслед за ни́ми; но в Ло́ндоне все мои́ по́иски оста́лись безрезульта́тными. Я до́лго не хоте́л смири́ться, но я до́лжен был отказа́ться, наконе́ц, от наде́жды найти́ их.

И я не уви́дел их бо́лее – я не уви́дел А́си. Тёмные слу́хи доходи́ли до меня́ о нём, но она́ навсегда́ для меня́ исче́зла. Я да́же не зна́ю, жива́ ли она́. Одна́жды, не́сколько лет спустя́, я мелько́м уви́дел за грани́цей, в ваго́не желе́зной доро́ги, же́нщину, лицо́ кото́рой жи́во напо́мнило мне **незабве́нные**[1] черты́... но случа́йное схо́дство, вероя́тно, обману́ло меня́. А́ся оста́лась в мое́й па́мяти то́й са́мой де́вочкой, како́й я знава́л её в лу́чшую по́ру мое́й жи́зни, како́й я её ви́дел в после́дний раз.

Впро́чем, я до́лжен созна́ться, что я не сли́шком до́лго грусти́л по не́й: я да́же нашёл, что судьба́ хорошо́ всё устро́ила так, что́бы не связа́ть меня́ с А́сей; я **утеша́лся**[2] мы́слью, что я, вероя́тно, не бы́л бы сча́стлив с тако́й жено́й. Я был тогда́ мо́лод – и бу́дущее, э́то коро́ткое, бы́строе бу́дущее, каза́лось мне **беспреде́льным**[3]. Ра́зве не мо́жет повтори́ться то́, что бы́ло, ду́мал я, и ещё лу́чше, ещё прекра́снее?.. Я знава́л други́х же́нщин, - но чу́вство, кото́рое А́ся породи́ла во мне́, то жгу́чее, не́жное, глубо́кое чу́вство, уже́ не повтори́лось. Нет! ни одни́ глаза́ не замени́ли мне тех, кото́рые когда́-то устреми́лись на меня́, ни на

---

[1] незабве́нный = тако́й, к-рого не забы́ть

[2] утеша́ться|уте́шиться чем-л. = успока́ивать себя

[3] беспреде́льный = безграни́чный

чьё се́рдце, кото́рое припа́дало к мое́й груди́, не отвеча́ло моё се́рдце таки́м ра́достным и сла́дким **замира́нием**[4]! В одино́честве бессеме́йного бо́быля дожива́ю я ску́чные го́ды, но я **храню́**[5], как святы́ню, сё запи́сочки и **вы́сохший**[6] цвето́к гера́ниума, тот са́мый цвето́к, кото́рый она́ не́когда бро́сила мне из окна́. Он до сих пор издаёт сла́бый за́пах, а рука́, кото́рую то́лько раз я прижа́л к губа́м мои́м, быть мо́жет, давно́ уже́ **тле́ет**[7] в моги́ле... И я сам – что ста́лось со мно́й? Что оста́лось от меня́, от тех блаже́нных и трево́жных дне́й, от тех крыла́тых наде́жд и стремле́ний? Так лёгкий за́пах **ничто́жной тра́вки пережива́ет все ра́дости и все го́рести челове́ка – пережива́ет самого́ челове́ка**[8].

---

[4] замира́ние = волне́ние в ожида́нии чего-л.; с замира́нием се́рдца = с си́льным волне́нием = *усто́йчивый оборо́т)*

[5] храни́ть *несов.* = держа́ть что-л. в це́лости|па́мяти

[6] вы́сохший = тако́й, к-рый стал совсе́м сухи́м

[7] тлеть *несов.* = гнить|разруша́ться

[8] т.е. лёгкий за́пах вы́сохшего цветка́ напомина́ет о ра́достях и го́рестях челове́ка и продолжа́ет существовать, когда́ его́ самого́ уже́ нет; пережива́ть|пережи́ть = здесь: жить|продолжа́ть существова́ть

ВОПРО́СЫ К ТЕ́КСТУ

I – II Назови́те цель поéздки расскáзчика и опиши́те обстанóвку. Что показáлось емý осóбенно интерéсным и с кем он познакóмился? Опиши́те егó нóвых знакóмых. Чтó мóжно сказáть о поведéнии дéвушки?

III Чем занимáется молодóй человéк Гáгин?

IV Расскáзчик весь день проводи́л с нóвыми друзья́ми. Чем э́тот день закóнчился?

V Какóй нашёл расскáзчик А́сю на слéдующий день?

VI Опиши́те дальнéйшее разви́тие их отношéний.

VII По какóй причи́не расскáзчик оди́н отпрáвился в гóры?

VIII Что узнáл расскáзчик о происхождéнии А́си?

IX Трéтья строкá, стр. 59: «замéть»; объясни́те фóрму глагóла.

Перечитáйте диалóг мéжду А́сей и расскáзчиком и прокомменти́руйте егó. И́скренне ли расскáзчик отвечáет на вопрóсы А́си?

XI А́ся жáлуется на то, что онá плóхо воспи́тана. Чем отличáется хорошó воспи́танный человéк по мнéнию А́си, а тáкже по-вáшему мнéнию? Онá спрáшивает, чтó онá должнá читáть, чтó онá должнá дéлать. Что вы смóжете éй посовéтовать?

XII–XIII О чём свидéтельствуют смех и мы́сли расскáзчика?

XIV Как реаги́ровал расска́зчик на слова́ Га́гина (стр. 74): «моя́ сестра́, А́ся, в вас влюблена́»? Что он узна́л от Га́гина?

XV Что ждало́ расска́зчика, е́сли не ра́дости взаи́мной любви́?

XVI Опиши́те ситуа́цию в кварти́ре у фра́у Луи́зе. Что по-ва́шему расска́зчик ещё хоте́л сказа́ть А́се (коне́ц главы́)?

XVII Чем вы́звана бе́шеная доса́да, кото́рая му́чила расска́зчика?

XVIII Расска́зчик напра́вился к до́му, где жила́ А́ся. Расскажи́те, что произошло́ да́льше.

XIX Убеди́тельно ли раска́яние расска́зчика?

XXI Почему́ Га́гин счита́л, что расска́зчик не мо́жет жени́ться на А́се? Что вы ду́маете, о каки́х «предрассу́дках» идёт речь?

XXII Хоте́л ли расска́зчик действи́тельно найти́ Га́гиных?

БИБЛИОГРАФИЯ

Grund- und Aufbauwortschatz Russisch, Ernst Klett Verlag, Stuttgart 2008

С. И. Ожегов «Словарь русского языка»
Москва, Издательство «Русский язык», 1978

Henri Troyat: „Tourguéniev“, Flammarion 1985

Ortrud Appel „Biographische Notiz“ in:
Iwan Turgenjew: Erste Liebe – Russisch/Deutsch, Reclam, Stuttgart 1976

История русской литературы, Том VIII, Часть первая,
«Литература шестидесятых годов»,
Академия Наук СССР.
Москва – Ленинград, 1956.

С.М. Петров: Вступительная статья in
И. С. Тургенев
Собрание сочинений, Том первый
Государственное издательство «Художественная литература»,
Москва, 1953 (стр. 7-72).